영원한 여진족 사람
이지란

다문화 인물시리즈 5
영원한 여진족 사람, 이지란

© 박현진, 2020

1판 1쇄 인쇄__2020년 08월 01일
1판 1쇄 발행__2020년 08월 10일

지은이__박현진
그린이__이은혜
펴낸이__홍정표

펴낸곳__작가와비평
        등록__제2010-000013호

공급처__(주)글로벌콘텐츠출판그룹
        대표__홍정표   이사__김미미   편집__김수아 권군오 이상민 홍명지   기획·마케팅__노경민 이종훈
        주소__서울특별시 강동구 풍성로 87-6   전화__02-488-3280   팩스__02-488-3281
        홈페이지__www.gcbook.co.kr   이메일__edit@gcbook.co.kr

값 12,000원
ISBN 979-11-5592-252-1 73810

·이 도서의 국립중앙도서관 출판예정도서목록(CIP)은 서지정보유통지원시스템 홈페이지(http://seoji.nl.go.kr)와
 국가자료공동목록시스템(http://www.nl.go.kr/kolisnet)에서 이용하실 수 있습니다. (CIP제어번호 : CIP2020018986)
·이 책은 본사와 저자의 허락 없이는 내용의 일부 또는 전체를 무단 전재나 복제, 광전자 매체 수록 등을 금합니다.
·잘못된 책은 구입처에서 바꾸어 드립니다.

다문화
인물시리즈

영원한
여진족 사람

이지란

글 박현진 ㅣ 그림 이은혜

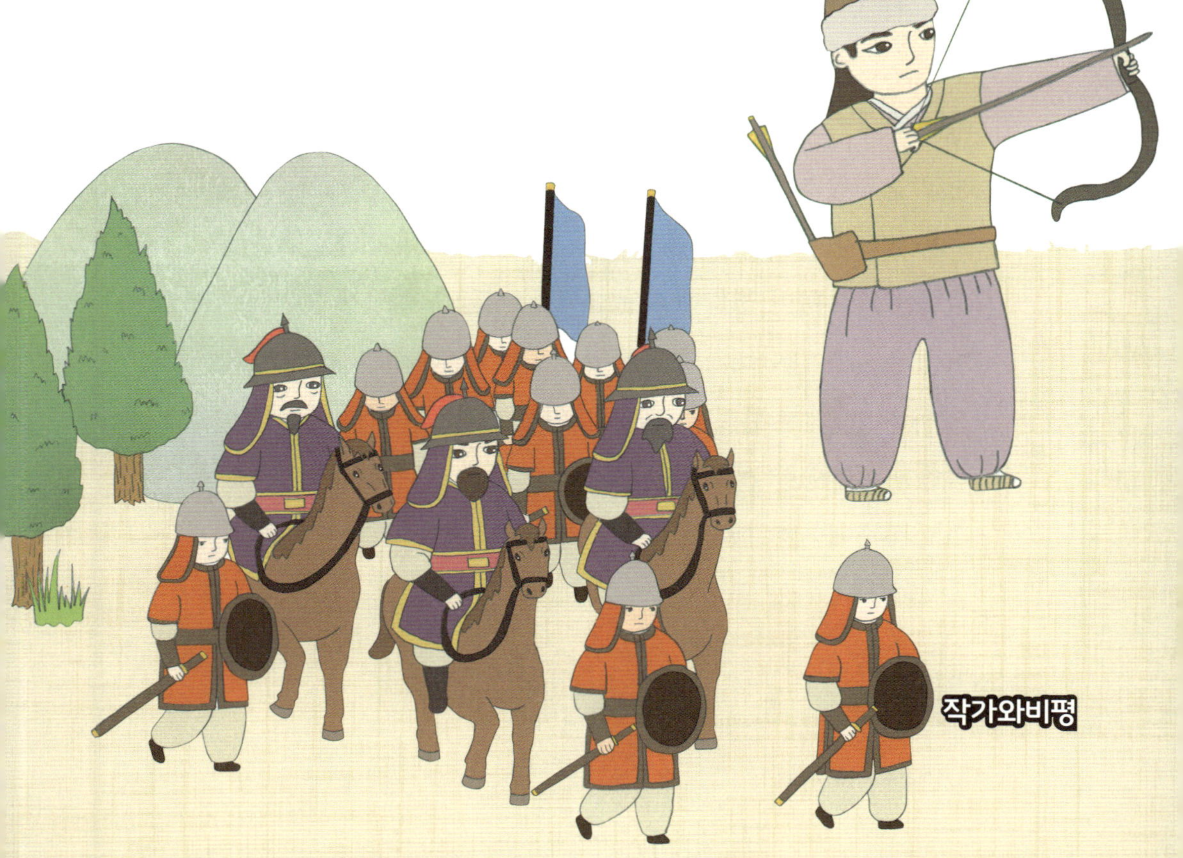

작가와비평

들어가는 말

부모님께

　TV를 틀었습니다. 화면에는 여러 연예인들이 등장해 제각각의 매력을 뽐내고 있습니다. 시청자들은 그들의 가창력에 환호하고, 그들의 연기력에 눈물을 흘리며, 그들의 패션을 따라 하며 선망의 대상으로 삼습니다. 그런데 연예인 중에는 푸른 눈에 흑발을 가진 혼혈인들도 있고, 외국에서 우리나라로 건너와 연예계에 데뷔한 사람들도 있습니다. 그들은 걸 그룹의 센터_{핵심 멤버}에서, 영화와 드라마의 주연으로 종횡무진 활동합니다. 대부분의 우리는 그들을 보고 순수한 박수갈채를 보냅니다.

　하지만 대한민국 사회에서 처음 등장한 다문화 연예인들은 숱한 차별을 극복하며 생활해야 했습니다. 지금은 국민가수라 불리는 미군 출신 흑인 아버지와 한국인 어머니 사이에서 태어난 모 가수는 아버지에게서 물려받은 곱슬머리를 가지고 있다는 이유로 방송 출연을 거부당한 적도 있었습니다. 그 때문에 머플러로 머리를 감추고 무대에 서야 했지요.

또 다른 한국 1세대 흑인 혼혈 연예인은 어린 시절 모래로 피부를 피가 날 정도로 박박 밀곤 했습니다. '깜둥이'라는 차별의 소리가 듣기 싫어 검은 피부를 벗겨내기 위해서였습니다. 이처럼 우리나라에 등장한 초창기 다문화 연예인들은 한국 사회의 편견과 차별에 부딪혀 숱한 고생을 겪어야 했습니다.

TV로 대표되는 대중매체는 넓은 의미에서 그 나라의 문화적 흐름을 상징한다고 볼 수 있습니다. 한국 초창기 다문화 연예인들이 차별 때문에 신음한 시절이 있었다면, 지금은 사정이 많이 나아졌습니다. 요즘 가장 인기 있는 걸 그룹 중에선 센터가 혼혈인인 그룹도 있고, 심지어 멤버의 절반이 외국인인 그룹도 있습니다. 혼혈인 배우가 작품의 주연을 맡고, 광고 모델로 발탁됩니다. 이는 브라운관을 통해 내다본 한국 사회가 다문화에 대한 편견을 어느 정도 타파해가고 있다는 상징성을 가집니다. 물론 차별 대우가 완전히 불식되었다고 단언할 수는 없겠지만, 대중매체에 등장하는 다문화 연예인들의 증가는 편견과 낯섦이 극복되어가는 과정이라는 희망의 방증입니다.

들어가는 말

 그렇다면 '초창기 다문화 연예인들이 편견에 시달렸다는 것은, 우리 역사에서 과거로 갈수록 외국인과 혼혈에 대한 차별이 심했던 것일까?'라는 생각을 해볼 수 있습니다. 일찌감치 정답을 내리자면, 그렇지 않았습니다. 분명 조선 시대 백정과 같은 외국인·혼혈인에 대한 차별이 없었다고 말할 수는 없지만, 민족과 인종을 초월해 한반도 내에서 적극적인 삶을 영위했던 사람들이 역사의 중심에 존재했던 경험이 있었습니다. 우리는 이러한 사실을 통해 우리 역사가 현대적인 의미의 '다문화 사회'에서 크게 벗어나지 않았음을 실증할 수 있습니다. 〈다문화 인물시리즈〉에서 다루고자 하는 내용은 이렇듯 다문화라는 개념을 한국 역사에 적용시켜, 한반도에서 활약한 귀화인·외국인의 사례를 경유해 넓은 의미의 다문화 사회에서 선조들이 구성해 나갔던 경험의 파편을 조합해 보는 것입니다.

 이 책에서 다루는 다문화 인물은 조선 태조 이성계의 의형제로 알려진 이지란입니다. 이지란은 여진족 출신으로, 이성계의 옆에서 조선의 건국을 도운 사람으로 우리에게 익숙한 인물입니다. 특히 무예에 능한 장수로 여러 사극 드라마에서 다루어지곤 했습니다.

그런데 이지란이 그의 이름을 두 번이나 바꾸었다는 사실은 중요하게 다루어지지 않았습니다. 원래 이지란의 성은 '퉁佟', 이름은 '쿠룬 투란 티무르古論豆蘭帖木兒'였습니다. 줄여서 퉁두란佟豆蘭이라고도 하며, 여진족 출신임이 드러나는 이름입니다. 이후 그가 고려 사회에 편입되기를 원한 이성계가 이씨 성을 내리고, 이름을 고려식으로 바꾸어 '이두란李豆蘭'으로 불리게 됩니다. 시간이 흘러 이성계가 조선을 건국하게 되자, 개국 공신인 이두란에게 마침내 '이지란李之蘭'이라는 이름을 내려주게 되는 것입니다. 따라서 이지란의 이름이 두 번이나 바뀌게 되는 데는 의형제이자 주군인 이성계의 영향이 절대적이었다고 볼 수 있습니다.

이 책에서는 이러한 내용에 주목했습니다. 이성계는 잘 알려진 대로 오늘날 함경도 출신으로, 이성계가 젊었을 당시 함경도는 원나라 땅이면서, 이지란을 비롯한 여진족들이 주로 모여 살던 동북면東北面이 포함된 지역이었습니다. 이 여진족들은 이성계가 조선을

들어가는 말

건국하는 데 도움을 준 세력입니다. 이성계는 조선 건국 이후 이지란과 여진족들이 조선이라는 나라에 민족적 상이함을 극복하고 적극적으로 흡수되기를 바랐을 것입니다. 그가 이지란의 이름을 두 번이나 새로 내려준 것은 이러한 이유가 아닐까 생각할 수 있습니다.

그런데 《조선왕조실록》에서 이지란이 죽기 전 이성계의 아들 태종 이방원에게 올린 글을 보면, 이지란이 가졌던 본인의 정체성에 대한 생각을 엿볼 수 있습니다.

> 신은 본토本土의 사람으로 타국에서 죽습니다. 그러니 시체를 불태워도로 본토에 장사지내어 전하께서 신으로 하여금 본토의 풍속을 따르게 하소서. 또한 전하께서는 조심조심 덕을 닦아 영원히 조선을 보전하시기 바랍니다.
>
> - 《태종실록》 권3, 태종 2년 4월 신유

즉, 이지란은 죽을 때까지 본인이 동북면 여진족 출신이며, 조선을 자신의 나라가 아닌 다른 나라로 인식했다는 사실을 알 수 있습니다. 물론 현대적 국가와 조국의 개념을 당시에 그대로 소급시킬 수는 없겠지만, 분명한 것은 본인이 최후에 묻힐 고향을 조선이라 생각하지 않았다는 것입니다. 필자는 여기에 현대 다문화 정책 개념 중 멜팅 팟Melting Pot과 샐러드 보울Salad Bowl을 투사해 보았습니다.

　멜팅 팟은 인종의 용광로라고도 불리는, 여러 문화가 뒤섞여 하나의 문화를 형성하는 사회를 의미합니다. 반대로 샐러드 보울은 여러 채소가 한 접시 위에서 각자의 맛을 유지하는 것처럼 여러 문화가 고유의 정체성을 유지한 채 공존하는 것을 뜻합니다. 이성계가 이지란의 이름을 한국식으로 두 번이나 바꿔준 것이 오늘날 멜팅 팟과 유사하다면, 이지란이 죽기 전까지 여진족으로서의 정체성을 유지한 것은 샐러드 보울과도 같다고 볼 수 있습니다. 즉, 이지란의 이름은 단순히 이성계와의 관계를 상징하는 것이 아닌, 현대의 다문화 사회 그 자체를 관통하는 화두를 우리에게 던져준다고 생각할 수 있겠습니다. 현대의 다문화 연구 주제 속 함의를 우

들어가는 말

리 역사 속 인물인 이지란의 이름이 고스란히 담고 있는 것입니다.

따라서 이번 《영원한 여진족 사람, 이지란》에서는, 이지란이라는 인물에 대해 고찰함과 동시에 그의 이름이 갖는 다문화적 상징성에 무게를 싣고 이야기를 전개해 나갑니다. 특히 한국사 속에서 이지란이라는 다문화적 요소를 보유한 인물이 한민족을 상징하는 이성계라는 인물과 함께 어떻게 어울려 가는지를 중점적으로 다룹니다. 이쯤에서 강조할 것은, 오늘날 세계화라는 개념이 확고히 자리 잡아가는 한국 사회에서 청소년들이 다문화에 대해 열린 마음으로 인지하는 데 장애가 되는 것이 있다면, 유독 '단일 민족'을 강조해 학습해 온 우리 역사입니다.

비극적인 일제 강점기를 거쳐 해방 이후, 우리의 역사 교육은 한민족이 구축해 온 민족 동일성으로 일제의 침략을 극복했음을 강조하는 차원에서 보수적으로 이루어졌습니다. 외적의 침입을 막아낸 역사가 고대사부터 근대사까지 교과서의 주를 이루었고, 이에 따라 우리의 민족적 상징 정서를 외침에 대한 고통을 의미하는 '한恨'으로 정의하는 움직임도 있었습니다. 하지만 명실상부 다문화 사회가 된 현대 한국 사회에서도 이와 같이 단일한 피로 이루어진 한민족을 강조한다는 것은 시대착오적일 것입니다. 우리 역사가 여러 국가와 민족과 함께 어울려 진보한 열린 역사였음을 일깨워 주는 것이 현대 역사교육의 사명이라면, 이지란이라는 다문화적 요소를 충분히 보유한 인물을 통해 그것을 청소년들에게 환기할 수 있을 것입니다.

모쪼록 한국사는 순혈 한민족만의 단막극이 아닌, 여러 민족이 중심에 등장하는 파노라마와 같았음을 자녀가 이지란의 삶을 통해 학습했으면 하는 바람입니다.

박현진

목차

들어가는 말 / 04

첫 번째 청해사로 가는 길

1. 다문화 사회? / 16
2. 청해사에 앉아서 / 22

두 번째 청년 투란

1. 활쏘기의 명수 / 30
2. 첫 만남 / 39
3. 사냥 대결 / 48
4. 이성계와 함께 / 61
5. 나하추 토벌 / 75

세 번째 투란에서 이두란으로

1. 의형제를 맺다 / **90**
2. 황산 대첩 / **98**

네 번째 이지란이라는 이름

1. 이지란 장군을 만나다 / **118**
2. 영원한 여진족 사람 / **123**
3. 이지란이라는 이름, 그리고 다문화 / **128**

첫 번째

청해사로 가는 길

1. 다문화 사회?
2. 청해사에 앉아서

1 다문화 사회?

"할아버지! 빨리요!"
"허허. 녀석도 참."

승현이는 아침 일찍부터 바쁘게 옷을 껴입고 있었습니다.
그 날은 모처럼 할아버지와 함께 뒷산에 등산을 가기로 한 날이었어요. 승현이의 할아버지는 척척박사로, 모르는 게 없는 분이랍니다.
승현이는 할아버지에게서 옛날이야기를 듣는 것을 매우 좋아했어요.

"자! 준비됐다. 출발하자꾸나."
"야호!"

 할아버지와 승현이는 신나게 집을 나섰습니다.
 승현이의 취미는 등산입니다. 야트막한 뒷산을 오르며 생각에 잠기는 것은 승현이에게 컴퓨터 게임보다 즐거운 일이었어요.
 기운차게 산을 오르던 중, 승현이는 평소 늘 궁금했던 것이 문득 떠올라 할아버지께 여쭤보고 싶어졌습니다.

"할아버지. 우리 엄마는 우리나라 사람이 아니잖아요?"

할아버지는 자상하게 웃으며 대답했습니다.

"그렇지. 너의 엄마는 중국에서 왔단다. 네 아빠와 한국에서 결혼해 너를 낳았지."
"그게 항상 궁금했어요, 할아버지. 친구들의 부모님은 모두 한국 사람이거든요. 결혼은 다른 나라 사람이랑도 할 수 있는 거예요?"

할아버지는 안경을 고쳐 쓰면서 승현이의 어깨에 손을 올리고는 승현이를 바라보았습니다.

"물론이지. 결혼은 어느 나라 사람하고도 할 수 있는 거란다. 그리고 서로 다른 나라 사람끼리 결혼한 가정을 '다문화 가정'이라고 하지."

"다문화가 뭐예요? 어려운 말이에요, 할아버지."

"음… 다문화는 한 나라에 다양한 문화를 가진 사람들이 함께 살고 있는 것을 말한단다. 예를 들면 너의 엄마는 중국 사람이지? 중국은 우리나라와 문화가 다르지 않니?"

"맞아요. 새해가 되면 다른 집은 안 그러는데 우리 집만 폭죽을 터뜨리고 놀았어요. 엄마께서 그게 중국 문화라고 하셨던 기억이 나요."

"그렇단다. 그렇게 서로 다른 나라 사람들이 함께 모여 살면 문화의 차이를 직접 느낄 수 있겠지. 다른 문화를 가진 사람들이 어울려 하나의 사회를 이룬 것을 '다문화 사회'라고 한단다."

"이해했어요, 할아버지. 그러면 엄마가 중국 사람인 우리 가족이 있으니, 우리나라도 다문화 사회겠네요?"

할아버지는 승현이를 대견하게 바라보며 대답했습니다.

다문화 가정의 증가

● 행정안전부, 2018년 지방자치단체 외국인주민 현황, 2019.
● 통계청, 2018년 인구주택총조사, 2019.

우리나라에 살고 있는 외국인은 이미 200만 명을 넘어섰으며, 다문화 가정의 숫자는 약 33만 가구에 달하고 있어. 이 정도면 우리나라는 이미 다문화 사회에 들어섰다고 볼 수 있겠지.

특히 최근의 경우, 1980년대 이후 우리나라 경제가 발전하면서 많은 외국인 이주 노동자들이 넘어온 것이 다문화 가정이 크게 늘어난 계기가 되었단다.

한국은 과거에 단일 민족을 강조하는 등 보수적 경향을 보였지. 따라서 그동안 다문화에 대한 시선이 좋지만은 않았던 것이 사실이란다. 하지만 이제 본격적으로 우리나라가 다문화 사회에 진입하고 다문화 가정이 늘어났으니, 유연한 마음가짐으로 다양한 사람들이 다 같이 더불어 사는 것에 대해 생각해야 하지 않을까?

"정답이야. 우리 승현이는 역시 똑똑하구나. 우리나라에 살고 있는 외국인은 이미 200만 명이 넘는단다."

"200만 명이나요?"

"그래. 다양한 문화를 가진 200만 명이 넘는 사람들이 우리나라에 살고 있으니, 우리나라는 확실한 다문화 사회라고 할 수 있지. 그런데 우리나라가 다문화 사회로 접어든 것은 최근에서야 나타난 새삼스러운 일이 아니야. 사실 우리나라는 역사적으로도 오래전부터 여러 민족들이 어울려 함께 살았었단다."

"옛날부터요? 역사책에도 그런 것들이 나오나요?"

"그럼 그럼. 마침 산에서 내려오는 길에 들릴 곳이 있단다. 너에게 우리나라 다문화의 역사를 보여줄 수 있는 곳이야."

"기대돼요. 할아버지!"

할아버지와 승현이는 등산을 마치고 산에서 내려오기 시작했습니다.

2 청해사에 앉아서

 승현이의 걸음이 점점 빨라지며 앞서가기 시작하자, 할아버지는 그 모습을 흐뭇하게 바라보았습니다.

 '녀석. 엄마가 중국 사람인 것이 그렇게 궁금했던 모양이구나. 오늘 승현이가 다문화에 대해서 제대로 이해하도록 가르쳐 주어야겠어. '그곳'으로 가도록 해야겠다.'

 "할아버지! 어디로 가면 돼요?"
 "허허, 승현아. 다 왔단다. 조금만 더 가면 된다."
 "한참 내려왔는데, 아직도 남았어요?"
 "이제 나올 때가 됐는데…. 아! 저기 보이는구나."

할아버지가 가리킨 곳은 오래되어 보이는 큰 기와집 건물이었어요.

"할아버지. 마치 조선 시대에 온 것 같아요."

할아버지는 크게 웃으며 대답했습니다.

"허허~ 녀석. 학교에서 조선 시대에 대해서 배웠니?"

"네. 선생님께서 가르쳐 주셨어요. TV 드라마에서도 봤구요!"
"그렇다면 이해가 빠르겠구나. 자! 안으로 들어가자."

건물 안으로 들어가자, 승현이는 정말 조선 시대에 온 듯한 기분이 들었습니다.
고풍스러운 나무로 된 건물과 여기저기 보이는 한자로 된 명패는 TV에서나 보던 조선 시대 그 자체였어요.

승현이가 놀라 멍하니 주위를 둘러보고 있자, 할아버지는 빙그레 미소를 지으며 승현이의 손을 잡아 이끌었습니다.

"자, 여기에 앉아서 이야기를 해 볼까."
"네, 할아버지. 여긴 정말 놀라워요!"

할아버지는 돌로 된 계단에 걸터앉으며 대답했습니다.

"그렇지? 동네에 이런 곳이 있는지는 처음 알았을 거야. 여기는 '청해사'라고 한단다. 청해 이씨의 시조인 이지란 장군을 모신 사당이지."
"이지란 장군이 누구예요?"
"혹시 이성계가 누구인지 알고 있니?"

"네! 저 드라마에서 봤어요. 조선을 세운 사람이잖아요?"
"그래. 그 이성계와 의형제를 맺고 평생을 이성계의 곁에서 함께 했던 사람이 이 사당의 주인인 이지란이란다."
"그렇군요. 몰랐던 사람이에요."

승현이는 고개를 갸웃거리며 할아버지를 바라보았습니다.

"그런데 할아버지. 저에게 다문화 이야기를 해 주신다고 하지 않았어요? 이지란이라는 사람하고 다문화하고 무슨 상관이 있어요?"

할아버지는 어깨를 펴면서 편한 자세로 고쳐 앉았습니다.

"깊은 상관이 있지. 이지란은 우리나라 사람이 아니었거든."
"아! 정말요? 조선을 세운 이성계의 의형제가 우리나라 사람이 아니었다고요?"
"그래. 이지란은 여진족이라고 하는 우리나라 북쪽에 살던 민족 사람이었단다. 이지란은 이성계와 의형제를 맺고 우리나라에 들어온 후 이성계가 조선을 세우는 데 큰 공을 세웠지. 이성계는 사소한 일까지 함께 의논할 정도로 이지란과 각별한 사이였어."

할아버지는 승현이를 바라보며 말을 이어갔습니다.

"TV 역사 드라마에서 가장 많이 등장하는 시대가 조선 시대란다. 그만큼 조선이라는 나라는 우리나라의 역사를 이야기할 때 아주 중요한 나라이지. 그런데 그 조선을 세운 이성계의 그냥 친구도 아닌 바로 의형제가 우리나라 사람이 아니라 여진족이였다는 것은, 우리나라는 이미 오래전부터 다문화 사회였다는 증거가 아닐까?"

승현이는 눈을 초롱초롱 빛내며 대답했습니다.

"네, 할아버지. 전 항상 엄마를 보면서 다양한 나라 사람이 함께 산다는 것에 대해 궁금했어요. 앞으로 할아버지께서 알려주신 다문화라는 개념에 대해 조금 더 공부하고 싶어요."

승현이는 할아버지 곁에 걸터앉았습니다.

"그러니 이지란 장군이라는 분에 대해 더 알려주세요, 할아버지. 조선 시대도 다문화 사회였다는 것을 이지란 장군을 통해 알 수 있는 거죠?"

"그럼. 승현이가 공부 욕심이 있구나. 할아버지는 아주 기쁘단다.

그렇다면 지금부터 이지란 장군의 이야기를 시작할까."

 구름이 둥둥 떠다니는 푸른 하늘 아래, 청해사 계단에 앉은 할아버지의 긴 이야기는 시작되었습니다.

두 번째

청년 투란

1. 활쏘기의 명수
2. 첫 만남
3. 사냥 대결
4. 이성계와 함께
5. 나하추 토벌

1 활쏘기의 명수

"투란!! 어디 있니? 투란!"

투란은 이지란의 옛날 이름입니다. 넓게 펼쳐진 청해의 한 마을에서, 투란의 어머니는 식사를 차리면서 아들 투란을 부르고 있었습니다.

● 지금의 함경남도 북청군.

"얘가 또 어딜 간 거야. 이제 보니 또 밥도 안 먹고 사냥을 간 게로군!"

투란의 어머니는 질렸다는 듯이 고개를 설레설레 저으며 한숨을 쉬었습니다.

"애가 어릴 때부터 활쏘기를 잘하더니 이제는 집에 들어와 있는 꼴을 못 보겠네. 걸핏하면 사냥을 나가 며칠씩 돌아오지 않으니. 원….”

"하하하! 형수님. 그래도 투란이가 잡아다 온 사냥감으로 매일 끼니를 때우지 않습니까? 투란이에게 고마워해야지요."

마당에서 깃털을 다듬어 화살을 만들고 있던 투란의 삼촌이 껄껄 웃으며 말했습니다.

"더군다나 투란이는 백 년에 한 번 날까 말까 한 활쏘기의 명수 아닙니까. 그 재능을 발휘하는 건데 조금은 봐주시지요. 하하하!"

"그걸 누가 몰라서 그래요, 도련님? 애가 한번 나갔다 하면 일주일이고 안 돌아오는데 안심하고 있을 부모가 누가 있답니까? 쓸데없는 소리 하지 말고 이리 와서 밥이나 먹어요."

투란의 어머니가 툴툴대며 삼촌에게 쓴소리를 했습니다.

"하하! 잘 먹겠습니다. 형수님."

식사를 맛있게 하던 투란의 삼촌은, 문득 진지한 얼굴로 투란의 어머니를 바라보며 말했습니다.

고려와 원나라, 그리고 여진족이란?

고려는 태조 왕건이 세운 나라야. 고려 시대는 우리나라의 역사에서 약 500년 동안을 담당하는 중요한 시기란다.

이지란이 활동하던 시기는 고려 말로, 여러 외적의 침략에 시달리던 힘든 시기였어. 그 외적들의 침략을 막아 낸 사람 중 하나가 바로 이성계인데, 그는 결국엔 고려를 무너뜨리고 조선을 세우게 되지.

원나라는 칭기즈 칸의 손자인 쿠빌라이 칸이 세운 나라인데, 중국의 역대 왕조 중 가장 넓은 영토를 차지한 나라이지. 이지란이 살던 당시는 고려와 마찬가지로 원나라의 말기였어. 원나라는 한반도 북부까지 영향력을 끼치며 고려에 대해 지속적으로 간섭했단다. 하지만 중국에서 새로운 나라인 명나라가 세워지면서 북쪽 초원으로 쫓겨나게 돼.

여진족은 오랜 옛날부터 만주 일대에 흩어져 살았단다. 숙신, 읍루, 말갈 등으로 불리다가 중국 송나라 이후부터 여진이라 불렸지.

대조영이 발해를 세웠을 때는 고구려 유민들과 함께 발해의 구성원이 되었단다. 그러다 발해가 멸망하자 발해 땅에 살던 여진족들은 고려와 지속적인 관계를 맺어 왔지.

1115년에는 여진족의 나라인 금나라가 세워졌어. 이후 금나라가 몽고에 의해 멸망하자 부족 단위로 흩어지게 되었어.

지금 나오는 이지란, 즉 투란의 가족들은, 금나라가 멸망한 이후 당시 원나라 땅인 동북면에 살고 있던 여진족이란다.

●현재의 함경도 지역.

두 번째 청년 투란 ●● 33

"그런데 형수님. 화내지 말고 들어요. 그 예전에 기억나십니까? 어느 날 큰 별이 우리 집 우물 위에 나타났었잖아요. 그걸 제 형님이 보고는 상당히 심상치 않게 생각했었던 일이 있었죠."

투란의 삼촌은 입에 밥을 꾸역꾸역 밀어 넣으며 말을 이었습니다.

"그래서 형님이 별을 볼 줄 안다는 사람에게 어떤 징조인지 물어봤더니, 그 사람이 '샛별이 나타났으니 반드시 위대한 인물이 태어날 것이오'라고 했었지요. 혹시 압니까? 우리 투란이가 지금 저리도 활을 잘 쏘는데, 샛별의 좋은 기운을 받아 엄청난 영웅이 될 수도 있지 않겠어요?"

투란의 어머니는 눈을 흘기며 대답했습니다.

"투란이가 그런 영웅이 되는 건 바라지도 않으니, 별일 없이 남들처럼 결혼도 하고, 애도 낳고 그렇게 평범하게 살았으면 바랄 게 없겠네요. 녀석이 나이가 스물하난데 아직 결혼도 안 하고 있으니 걱정입니다. 그렇지 않아도 요즘 세상이 뒤숭숭한데…."
"뭐, 맞습니다. 형수님. 자식이 행복하게 사는 것을 바라는 게 부모님의 마음이지요. 안 그래도 그렇게 세력을 떨치던 원나라가 지금 흔들리고 있고, 남쪽 고려에서는 공민왕이 즉위했다죠? 즉위

하자마자 원나라에 대해 공격적인 정책을 펼친다던데, 우리에게도 해를 끼치지나 않았으면 좋겠네요. 형수님도 아시겠지만 공민왕이 어린 시절 원나라에 끌려가서 볼모 생활을 하지 않았습니까? 왕이 되었으니 원나라에서 받은 설움을 풀려고 하지 않겠어요? 복수심이라는 게 참 무서운 건데 말입니다. 그나저나…."

수다쟁이인 투란의 삼촌이 평소처럼 말을 길게 할 기미를 보이자, 투란의 어머니는 익숙하다는 듯 고개를 설레설레 저으며 밥상을 치우기 시작했습니다.

"자! 도련님. 다 먹었으면 이제 일어나요. 일어나서 우리 투란이나 찾아보시우. 이 녀석이 혈기왕성해서 어디 다치지나 않았을까 걱정되니 찾아서 데리고 왔으면 해요. 네? 자, 일어나요."
"형수님도 참, 그 녀석이 저보다 활을 잘 쏘고 말을 잘 타는데, 누가 누굴 챙긴단 말입니까? 투란이가 다친 저를 발견해 데리고 오지나 않으면 다행이지요. 하하."
"도련님, 우리 도련님. 좋은 말 할 때 가서 투란이를 데려와요. 응?"
"네…."

공민왕

　공민왕은 고려의 31대 왕이야. 학교에서는 공민왕의 반원 개혁이라는 내용으로 배우는 왕이지. 원나라에 대한 자주 정책을 폈던 것으로 유명하단다.

　공민왕의 유년 시절은 원나라가 고려의 정책에 깊숙이 관여했던 '원 간섭기'인데, 이때의 고려 왕족들은 어릴 때 원나라에서 볼모 생활을 하는 것이 보통이었어. 고려 왕족을 볼모로 보내는 것은 고려가 원나라에 대항할 생각을 하지 못하게 하는 역할도 했고, 어릴 때부터 원나라에서 생활하면서 원나라식 풍습을 익히게 하려는 것도 목적이었단다.

　공민왕도 어릴 적 당연히 원나라에서 볼모로 잡혀 있었지. 원나라식 이름도 부여받았는데, 그때 사용한 원나라식 이름은 '바얀 테무르'야.

그러니까 공민왕은 여러 민족이 섞여 살던 원나라에서 원나라 이름으로 살면서 다문화 사회를 몸소 체험했을 것으로 생각할 수 있지.

　게다가 공민왕의 가족은 승현이와 같은 다문화 가정이었단다. 바로 원나라에 볼모로 있던 시절 원나라 공주인 노국공주와 결혼을 했거든. 노국공주는 우리나라 역사상 마지막 외국 출신 왕비란다.

공민왕과 노국공주(국립고궁박물관)

공민왕은 원나라가 약해진 틈을 타 고려의 자주적 개혁을 추진했던 진취적인 왕이었지만, 사랑하는 아내인 노국공주가 아이를 낳다가 죽게 되자 너무나 슬픈 나머지 폐인이 되어 버려. 그 이후 신하들에 의해 암살당하는 결말을 맞게 되지.

위의 그림은 공민왕이 노국공주와 함께 있는 모습을 그린 장면이란다. 공민왕은 비록 원나라에서 강제로 볼모 생활도 했었지만, 원나라 출신인 아내를 매우 사랑한 사람이었어.

앞으로 우리 역사에서 다문화 가정을 이야기 할 때 공민왕의 러브스토리를 기억해 주렴.

투란의 어머니가 무섭게 눈을 희번덕거리자, 투란의 삼촌은 기가 죽어 자리를 털고 일어났습니다.

말을 타고 집을 나선 투란의 삼촌은 투란이 갔을 만한 곳을 찾아보기 시작했어요.

"어디 보자…. 투란이 놈이 얼마 전엔 북쪽 숲으로 사냥을 갔었댔지. 그렇다면 오늘은 멀리 강가로 갔을 확률이 높겠구나. 강으로 가서 녀석을 찾아볼까? 이랴!"

투란의 삼촌은 말을 재촉해 신나게 강으로 달려갔습니다.

2 첫 만남

　파란 들판과 강물이 만나는 곳, 봉곳한 등성이 사이로 수풀이 우거진 강 어귀는 여진족의 풍습대로 어머니의 성을 이어받아 퉁씨 성을 가진 쿠룬 투란 티무르라는 이름의 청년이 좋아하는 장소였습니다.

　퉁 쿠룬 투란 티무르, 즉 투란은 그날도 사슴을 잡아 말 위에 걸어놓고 강가에 팔베개를 한 채 누워 하늘을 바라보고 있었습니다.

　푸른 하늘 위로 따사로운 햇살이 내리쬐고, 흰 구름이 둥실둥실 흘러가는 모습은 평화로움 그 자체였으며, 이를 바라보는 짙은 속눈썹에 오뚝한 코를 가진 투란의 얼굴은 아름다운 하늘에 딸리지 않는 한 폭의 그림과 같았습니다.

　그러나 이 멋진 장면과는 달리, 투란의 마음은 싱숭생숭하여 온갖 고민에 빠져 있었습니다.

　'오늘도 사슴을 쉽게 잡았다. 내일도 모레도 이 들판에서 활을 쏘겠지. 활쏘기는 이제 더 배울 게 없을 정도인데, 이제 사냥도 지겹구나…'

투란은 인상을 찌푸리며 한숨을 쉬었습니다.

'내 나이 이제 스물하나. 큰 뜻을 품었으니 세상에 떨칠 때도 되었는데 사냥만 하며 시간을 보내고 있으니 답답하기 짝이 없구나. 이름난 장군이신 아버지에게 부끄럽다. 우리 부족은 전부 나만 바라보고 있는데, 내 어깨가 무겁군…'

그렇게 투란은 한참 동안 생각에 잠겨 있었습니다.

"다그닥… 다그닥…"

그러던 중, 멀리서 말발굽 소리가 들리더니 점점 가까워지는 것이었습니다.

"이랴! 이랴!"

말에 탄 사람은 투란의 근처에서 속도를 늦추더니, 말에서 내려 투란에게 다가왔습니다.
헛기침 소리와 함께 말에 타서 달려온 주인공은 입을 열었습니다.

"흠. 아가씨, 이런 곳에 누워서 뭘 하고 있소. 여기는 아가씨 같은 미인이 돌아다니기엔 위험한 곳이라고."

'아가씨? 여기에 나 말고 누군가 있었나?'

투란은 주위를 둘러보았지만, 말을 타고 달려온 사람과 자신 외에는 아무도 보이지 않았습니다.
투란은 검지로 자신을 가리키며 의문의 남자에게 물었습니다.

"설마, 나를 말하는 거요?"
"아이고, 깜짝이야! 남자였잖아?!"

덩치가 아주 크고 건장하면서, 눈이 부리부리한 의문의 남자는

이지란의 외모

이지란 장군은 역사 기록에서도 '외모가 단정하고 아름다워 마치 여자와 같았다'라고 표현돼 있단다.
얼굴도 잘생기고 활쏘기에도 도가 텄다니, 마치 만화 주인공 같지?

화들짝 놀라며 한 걸음 물러섰습니다.

"이거 실례했소. 멀리서 보니 당신의 외모가 너무 아름다워 여자로 착각했지 뭐요. 목소리는 남자답게 듬직하구만. 하하하!"
"그런 말은 정말 큰 실례라는 것을 알고 있겠지? 무례하기 짝이 없구나."

투란은 자신이 여성스럽게 생겼다는 말을 어릴 때부터 들어왔기에, 여자로 착각당하는 일은 익숙할 만큼 종종 있어 왔습니다. 하지만 미래에 대한 깊은 고민을 방해받았다는 사실과 의문의 남자의 건방진 태도가 매우 마음에 들지 않았습니다.

"이봐! 왜 그렇게 화를 내나? 착각할 수도 있지. 억울하면 너의 잘난 외모를 탓하라고."

의문의 남자는 투란의 말과 사냥한 사슴에 눈을 돌린 뒤 말을 이었습니다.

"보아하니 여기에서 사슴까지 잡으셨나 본데, 여기 동북면 일대는 내 고조할아버지 때부터 우리 가문의 구역이었어. 허락 없이 멋대로 사냥한 사람에게 그 정도 말도 못 하는 건가?"

투란은 어이없다는 듯이 웃으며 대답했습니다.

"너희 가문의 구역이라고? 이 땅은 우리 여진 사람들의 역사적인 오랜 터전이었다. 겨우 고조할아버지 때 들어와 놓고서는 너희 땅이라는 것이 말이 되느냐?"

"이 녀석이 우리 할아버지를 모욕해? 생긴 것과는 달리 웃기는 녀석이군. 한 번 해볼 테냐?"

의문의 남자가 등에 멘 커다란 활을 꺼내 들더니 기세등등하게 투란을 몰아붙였습니다.

"활을 좀 쏘나 본데, 지금 누구 앞에서 허세를 부리는 것인지 아는가? 나는 송나라 악비 장군의 후예이자 원나라의 정서대장군 아라부카의 아들. 성은 퉁이요. 이름은 쿠룬 투란 티무르이다. 무례한 너의 이름도 듣고 싶군."

의문의 남자는 활을 멋지게 한 바퀴 돌리더니 겨드랑이에 꽂고는 대답했습니다.

악비 장군은 누구일까요?

악비는 중국 송나라의 장군으로, 금나라에 대항해 싸운 사람이야. 나라를 구한 영웅이자 강직한 충성심으로 지금도 중국인들에게 매우 존경받아 무려 신으로 모셔지고 있단다. 이지란은 이 악비 장군의 6대손이라고 해.

그러니까 이 장면에서 투란은 자신이 바로 그 전설적인 악비 장군의 후손임을 강조해 본인을 높이면서 이성계와 맞서고 있는 것이란다.

"이름을 들으니 넌 여진족이 맞구나. 이 몸의 이름을 잘 기억해 둬라. 성은 이, 이름은 성계라고 한다."

할아버지의 이야기를 듣고 있던 승현이는 깜짝 놀랐습니다.

"그 유명한 이성계가 투란과 만났네요? 완전 멋진 장면이에요!"

승현이는 할아버지를 바라보며 말했습니다.

"그런데 할아버지. 지금껏 주인공처럼 말씀하신 투란이란 사람은 처음 들어보는데 누구예요?"

할아버지는 껄껄 웃으며 대답했습니다.

"허허. 그 투란이 바로 이 청해사의 주인인 이지란 장군이란다. 예전의 이름은 퉁 쿠룬 투란 티무르였지. 나중에 이지란이라는 우리 식으로 이름이 바뀌게 되는 게다."

승현이는 고개를 끄덕거렸습니다.

"그렇군요. 그런데 투란은 활을 그렇게 잘 쏘았다는데, 뭐가 그렇게 고민이 많았을까요?"

"투란의 아버지 아라부카가 대장군이었다고 했잖니? 아라부카 밑의 사람들이 천 호였어. 말하자면 천 가구나 되는 가족들을 다스린 거란다. 투란이 아버지가 다스리던 사람들을 물려받았으니, 젊은 나이에 그들을 이끌어 가는 것이 부담이 되었을 만도 하지."

"우와! 천 개의 가족을 다스린다니…. 투란은 대단한 사람이었군요! 얼굴도 엄청 잘생긴 데다 활도 잘 쏘고, 높은 사람이기까지 하다니 완전 멋지네요!"

"그렇지. 게다가 투란은 이성계와의 만남을 통해 크게 성장하게 된단다."

"그럼 빨리 다음 이야기를 해주세요. 할아버지! 빨리요!"

"허허! 녀석. 알겠다. 그래서 시비가 붙은 투란과 이성계는 사냥 대결을 해서, 많은 사냥감을 활로 잡은 사람이 승리하고 지는 사람이 사과하는 것으로 내기를 하게 되었지."

따뜻한 바람이 흘고 지나가는 청해사 안에서 할아버지와 승현이의 이야기는 계속 이어졌습니다.

3 사냥 대결

"준비는 되었는가?"
"물론이지. 곱상한 놈에게 질 정도로 활을 못 쏘진 않는다네."
"언제까지 입을 놀리는가 두고 보도록 하지. 자, 출발!"

투란의 신호와 함께 두 마리의 말은 쏜살같이 앞으로 뛰쳐나갔습니다.

강과 언덕이 어우러진 풍경은 달려 나가는 두 사람과 함께 어우러져 볼 만한 구경거리였고, 아름다운 자연 속에는 두 필의 말발굽 소리만 들리고 있었습니다.

"다그닥… 다그닥…."

"이랴! 이랴!"

투란은 사냥에서 누군가에게 져 본 적이 없기에, 이번 대결에 자신이 있었습니다.
어릴 적부터 부족 사람들과 함께 사냥을 다녔고, 특히 활쏘기에는 자신을 따라갈 사람이 없다고 자부했습니다.
신나게 달리던 두 사람의 눈에 이윽고 사슴 두 마리가 눈에 띄었고, 사슴들은 각자 다른 방향으로 도망가기 시작했습니다.

"내가 왼쪽 사슴을 쫓아가 잡을 테니, 넌 오른쪽 사슴을 잡을 수 있으면 잡아 보라고!"
"별걱정을 다 하는구나! 해가 질 때쯤 여기서 다시 만나 누가 이겼는지 대 보자!"

이성계와 헤어진 투란은 얼마 지나지 않아 사슴을 쏘아 맞혔습니다

"좋아. 이제 다음 사냥감을 찾아보자. 그 덩치만 큰 녀석을 가볍게 꺾어 보겠어."

투란은 줄곧 이 근방에서 사냥을 했기에, 근처의 지리에 대해서

는 잘 알고 있었습니다.

사냥감이 많이 나오는 곳을 골라 말을 달린 투란은 곧이어 사슴 한 마리를 더 잡았습니다.

"명중이다!"

얼마나 사냥을 했을까, 슬슬 해가 뉘엿뉘엿 가라앉고 차가운 바람이 불기 시작했습니다.
멀리에서는 늑대의 울음소리가 들리고, 급히 날아가는 새들은 곧 해가 완전히 질 것을 말해주고 있었습니다.

"이제 슬슬 돌아가야겠다. 사슴을 세 마리나 잡았으니 그 녀석보다는 많이 잡았을 거야."

약속 장소는 멀지 않은 곳에 있었고, 이윽고 도착한 투란의 눈에는 사슴 세 마리를 쌓아놓고 의기양양한 미소를 띠고 있는 이성계가 보였습니다.

"어라? 너도 세 마리인가?"

이성계는 실망한 표정을 지으며 아깝다는 듯 주먹을 휘둘러 보였습니다.

"덩칫값을 하는구만. 활을 꽤 쏘나 본데?"
"오늘은 운이 좋지 않았다. 평소 같으면 사슴 다섯 마리는 잡았을 거야."
"허세 하나는 절대 죽지 않는구나. 좋다. 서로 잡은 사슴의 수가 같으니, 마지막 한 마리를 누가 먼저 잡나로 승부를 보자."
"그거 좋지. 해도 지는데 바로 출발!"

두 사람은 누가 먼저랄 것 없이 근처 숲으로 들어갔습니다.
숲 속에서 한참 말을 달리자, 두 사람의 눈에는 큰 사슴 한 마리가 마치 잡아달라는 듯이 서성거리고 있는 것이 보였습니다.

"저놈이다!"

동시에 외친 두 사람이 말에 박차를 가하자, 놀란 사슴은 전속력으로 도망가기 시작했습니다.

"이랴! 거기 서라!"

이성계의 외침에도 아랑곳없이 사슴은 울창한 나무를 요리조리 피하며 잘도 도망쳤습니다.

그 사슴은 다른 사슴보다 훨씬 빨라서, 숲 속에서 말로 따라잡는 것이 쉽지 않았습니다.

하지만 두 사람의 말 타는 솜씨는 누가 먼저랄 것도 없이 대단한 수준이라, 점점 사슴은 조금씩 조금씩 가까워지고 있었습니다.

"이랴! 조금만 더…!"

나란히 달리던 두 사람의 활 사정거리에 사슴이 닿기 직전, 두 사람은 반쯤 쓰러진 큰 나무가 앞을 떡하니 가로막고 있는 것을 보았습니다.

사슴은 얄밉게도 쓰러진 나무 아래로 재빠르게 쏙 빠져나갔으며, 공간이 작아 말 혼자서는 그곳을 빠져나갈 수 있겠지만 말에 탄 사람에 걸릴 정도로 아슬아슬하게 나무가 쓰러져 있어, 직진해 사슴을 쫓기는 어려워 보였습니다.

'이런 제길. 저 나무만 아니었어도 바로 활을 쏘았을 텐데, 아쉽지만 옆으로 돌아가서 다시 추격해야겠다.'

"워… 워!"

투란은 말에 채찍질을 해 속도를 줄여 방향을 서서히 바꾸면서, 나무를 피해 돌아 사슴을 쫓을 계획을 세웠습니다.

그러던 투란의 눈에는 믿기 어려운 광경이 들어왔습니다.

"으랴앗!"

기합 소리와 함께, 이성계가 말을 직진해서 계속 달리고 있었던 것입니다.

"이봐, 너! 앞의 나무가 안 보이는가? 속도를 줄여라!"

투란의 경고를 들었는지 못 들었는지, 이성계는 사슴 하나만을 무시무시한 눈으로 노려보며 엄청난 속도로 말을 달렸습니다.

"다그닥! 다그닥!"
"저 나무에 부딪힌다면 죽을 수도 있어! 그만 다른 사슴을 쫓기로 하고 속도를 줄여!"
"하!"

이성계는 큰 함성과 동시에 말 안장을 박차며 뛰어올랐습니다.

투란은 놀라 멍해진 눈으로, 이성계의 말이 나무 아래로 빠져나가고, 나무를 넘어 크게 뛴 이성계가 빠져나간 말을 다시 잡아타는 것을 지켜보았습니다.

그러한 장면은 마치 꿈을 꾸는 것처럼 천천히 진행되어, 투란은 말을 멈춘 뒤 고삐를 놓고 넋이 나간 채로 이성계가 말을 달리는 모습을 바라만 보고 있었습니다.

'내가 방금 본 것은 무엇인가.'

곧이어 이성계는 활을 들어 단번에 사슴을 맞췄습니다.

'저놈은 천재이다. 사람이 어찌 저런 몸짓을 할 수 있단 말인가. 인간의 힘으로 따라가기 어려울 정도이구나. 그곳에서 나무를 뛰어 넘을 거라곤 상상도 못했다.'

속으로 감탄을 금치 못하고 있는 투란에게, 이성계는 의기양양하게 웃으며 사슴을 등에 멘 채 다가왔습니다.

"하하하! 오랜만에 몸 좀 풀었군. 내기는 내가 이겼다!"
"……."
"왜 아무 말도 못 하는가? 어서 약속을 지켜야지?!"

투란은 고개를 휘휘 저어 정신을 차리고는, 대답했습니다.

"그… 그래. 약속을 했었지. 내가 말을 함부로 한 것에 대해서는 사과한다."
"하하핫! 아무렴 그래야지!"

투란은 짐짓 표정을 바꾸고는, 당당한 말투로 이야기했습니다.

"내기는 내기이니 사과하겠지만, 너 역시 잘한 것은 없다. 여기가 어떻게 너의 선조들의 땅이란 말이냐."
"응?!"

이성계는 의기양양한 표정을 거두고는 눈을 동그랗게 뜨고 투란을 바라보았습니다.

"이 땅은 우리 여진인들이 많은 세월 동안 가꾸어 온 삶의 터전이다. 하지만 이곳이 처음부터 끝까지 우리들의 영토라는 생각을 해 본 적은 없다. 이곳은 공식적으로 원나라의 영토이지. 너는 이성계라는 이름을 보니 고려 출신인가 본데, 지금의 원나라가 앞으로 영원할 것으로 보는가?"

이성계는 진지한 표정으로 대답했습니다.

"물론 그렇지 않지. 고조할아버지 때부터 우리 가문은 원나라에 들어가 관직도 받았지만, 원나라는 내 생각엔 조만간 망할 수도 있다고 생각한다. 조만간 고려로 돌아갈 생각이야."

"그렇다면 이 땅이 장차 고려인들의 땅이 될 수도 있겠지. 하지만 지금은 원나라의 땅이다. 그리고 현재 우리 여진인들이 이곳에 살고 있다. 너의 가문 역시도 고려 출신이면서 원나라에 벼슬하고 있으면서, 우리의 처지를 이해하지 못하는가? 사람이 주인을 바꾸는 것처럼 땅 역시 영원한 주인이 없다. 이 땅이 영원히 누군가의 땅으로 남을 것 같은가?"

"너… 꽤 말을 잘하는구나? 그래. 너의 말이 맞다. 영원한 것은 없는 법이지. 지금은 내가 이곳 동북면에서 뛰어다니지만, 앞으로 어디에서 살게 될지 누가 알겠어."

이성계는 감명받은 듯 고개를 끄덕이며 재차 말을 이어갔습니다.

"좋다. 나 역시 사과하지. 나도 말이 심했다."
"사과를 받아들이마."
"나는 네가 마음에 들었다. 쿠룬 투란 티무르라고 했지? 나이는 몇 살이냐?"
"투란이라고 불러라. 스물한 살이다. 너는?"
"열일곱."

투란은 믿기지 않는다는 표정을 지어 보였습니다.

"어떻게 이 험상궂은 얼굴이 열일곱일 수가 있단 말인가. 나는 나보다 서너 살은 위로 생각했었다. 과연 세월을 정통으로 맞은 게로구나."

"이 녀석, 날 놀리는 거냐! 계집애 같은 네 얼굴도 정상은 아니다!"

"어허, 또 해보자는 건가? 이번에는 내가 이겨주도록 하지."

"투란!!"

그때, 멀리서 말을 타고 달려오며 큰 소리로 투란을 부르는 사람은 투란의 삼촌이었습니다.

"투란! 어머니가 걱정하고 계신단다. 해가 졌으니 어서 집으로 돌아가자!"

"삼촌인가…. 아무래도 다음에 승부를 가려야 할 것 같군."

이성계는 아쉬워하는 표정으로 투란을 바라보았습니다.

"그래, 투란. 여기에서 사냥을 자주 하나 보지? 앞으로 자주 보도록 하자."

"좋다, 이성계. 또 보자."

투란은 사냥한 사슴을 말에 실은 뒤, 이성계에게 작별인사를 했습니다.

"잘 가라! 이랴!"

투란을 태운 말은 삼촌을 향해 흙먼지를 일으키며 달려갔습니다. 이성계는 실눈을 뜬 채로 그 모습을 지켜보고 있었습니다.

'투란… 보통내기가 아니로구나. 나와 함께 말을 달릴 수 있는 사람이 있었을 줄이야. 또 만나게 될 것이다.'

달빛이 세상을 옅게 비추는 동북면의 밤하늘에는 구름 한 점 보이지 않았습니다.

4 이성계와 함께

그 일이 있은 며칠 후, 투란은 용무가 생겨 근처 시장으로 가게 되었습니다.

시장은 많은 사람들이 북적거려 활기찼습니다. 사람들은 저마다 물건을 팔거나 각자 갈 길을 갔고, 개 짖는 소리와 아이들의 웃음소리로 시장은 가득 차 있었습니다.

'시장에 오면 항상 기분이 좋아진다. 다양한 사람들이 저렇게 활발히 살아가는 것을 보면, 내 부족 사람들 역시 하고 싶은 일을 하며 행복했으면 하는 바람이다.'

잠깐 생각에 잠겨 있던 투란은, 일을 마치고 집으로 돌아갈 준비를 하고 있었습니다.

그때, 그의 눈에는 익숙한 큰 덩치가 저 멀리 보였습니다.

'저 자는… 이성계가 아닌가?'

마침 이성계 역시 투란을 보았고, 이성계는 크게 웃으며 투란에게 다가왔습니다.

"이게 웬일인가? 오늘 반가운 사람을 만날 것 같더니, 여기에서 보는구만?"
"반갑군, 이성계. 시장에는 어쩐 일인가?"
"시장에 장 보러 오지 뭣 하러 오겠는가. 하하하! 잠깐 시간 되면 술이나 한잔 하지!"

시답잖은 농담을 한 이성계는, 근처 술집에서 투란과 한참 대화를 나누었습니다.
두 사람은 생긴 것은 매우 달랐지만, 세상을 바라보는 눈과 커다란 포부가 서로 잘 맞았습니다.

고려 시대의 대표적인 국제시장, 벽란도

투란이 지금 와 있는 곳은 아니지만, 고려 시대의 시장을 이야기할 때 빠질 수 없는 벽란도에 대해 잠깐 이야기해 볼까?

벽란도는 지금의 황해도 예성강 근처에 있는 섬으로, 고려의 수도인 개경과 지리적으로 가깝고 수심이 깊어 큰 배가 드나들 수 있어 고려 시대 무역의 중심으로 발전했지.

중국과 일본 상인들은 물론, 멀리 아라비아 상인들까지 드나든 국제 무역의 장이었단다.

특히 아라비아 상인들은 이때 벽란도에 왕래하면서 고려를 '코레' 또는 '코리'라 불렀고, 이것이 현재 외국에서 우리나라를 '코리아Korea'라고 부르는 계기가 되었어.

벽란도는 중국에서 가져온 책, 비단, 자기, 공작새뿐 아니라 아라비아산 수은, 상아, 산호 등 고려에서 볼 수 없었던 신기한 물품들, 그리고 다양한 나라에서 온 사람이 넘쳐나는 곳이었단다.

그곳에 모인 다양한 인종과 민족들은 서로에 대해 어떻게 생각했을까 궁금하지 않니?

벽란도는 고려 시대의 작은 다문화 사회였다고도 볼 수 있는 것이지.

"… 그래서 사람 한 번 태어났으면 큰 꿈을 가져야 하는 거라네. 이왕 사는 거, 죽느니 이름 한번 떨치고 가는 게 멋지지 않겠나?"
"내 생각도 그렇다네. 그나저나 성계, 시간이 벌써 이렇게 되었군. 슬슬 일어나도록 할까?"
"여기를 보게 투란, 여기 쇠구슬과 진흙 뭉치가 있다네. 쇠구슬은 무언가를 부수고, 진흙은 그것을 메우는 것이지. 난 자네와 내가 그런 관계가 되었으면 좋겠어. 자, 여기 받게."
"그게 무슨 소린가? 그만 마시자고 했더니 심통이라도 난 건가? 너무나 뜬금없구만."

투란은 이성계가 던진 진흙 뭉치를 엉겁결에 받으며 대답했습니다.

"무슨 말이긴. 이런 말이지. 자, 간다!"

이성계는 벌떡 일어서더니, 거리로 나섰습니다.

그때, 한 아낙네가 물동이를 머리에 이고 시장을 지나가고 있었습니다.
투란이 말릴 새도 없이, 이성계는 아낙네의 물동이를 향해 쇠구슬을 던졌습니다.

"휙!!"

'이게 무슨 짓인가, 저놈이 취했나 보군. 에잇, 이렇게 된 이상 내가 할 수 있는 것은…'

투란은 빠르게 몸을 날려, 가지고 있던 진흙 뭉치를 이성계가 던진 쇠구슬과 같은 방향으로 던졌습니다.

"쨍그랑!"
"찰싹!"

그 순간 시장을 지나가던 사람들에게 보여진 광경은, 아낙네의 물동이가 쇠구슬로 깨어짐과 거의 동시에, 진흙 뭉치로 인해 메워지는 장면이었습니다.

"꺄악! 이게 무슨 일이래?"

아낙네는 놀라 걸음을 멈췄지만, 물은 한 방울도 흐르지 않았습니다.

"이럴 수가! 어떻게 저럴 수 있단 말인가."

"높으신 집안의 자제들인 것 같은데, 무술 솜씨가 보통들이 아니구만."
"내 눈으로 보고도 못 믿겠네. 젊은이들의 장난치고는 너무나 신통방통하군!"

몰려든 사람들은 웅성거리면서 두 사람의 기술을 향해 놀라움을 나타냈습니다.

"하하하하! 투란. 내 말을 이해한 모양이군! 그래, 그거면 되다네!"
"이게 무슨 짓인가? 성계. 잘못하다간 저 아낙이 다칠 뻔했잖은가!"
"결과적으로 아무 일 없었잖은가. 우리 관계는 그렇게 가면 되는 거라고. 난 자네가 마음에 들었다네!"
"이런…."

화통하게 웃는 이성계와 복잡한 표정의 투란은 그렇게 함께 시장 밖을 나가고 있었습니다.

'이놈은 분명 큰 인물이 될 것이 분명하다.'

투란은 또다시 깊은 생각에 잠겼습니다.

'둘 중의 하나일 것이다. 그 뛰어난 능력으로 나와 우리 부족을 더할 나위 없을 정도로 크게 이끌어 줄 사람.'
'그게 아니라면 이 사람은 내 고향, 고려인들은 동북면이라 하는 이 땅에서 크게 성장할 것이고, 같은 지역에 사는 우리 부족에게 큰 화를 입힐 것이다. 마치 던져진 쇠구슬처럼 말이야.'
'이 자를 없앤다면 술을 마신 지금이 기회이다. 그렇다면 하늘에 운명을 맡겨 보도록 하자.'

투란은 크게 심호흡을 하고는 이성계에게 말을 걸었습니다.

"이봐, 성계. 헤어지기 전에 뒷간에 잠시 들르지 않겠는가? 볼일이 급해서 말이야."
"말을 타고 길을 떠나기 전 뒷간에 가는 것은 상식이지. 옳은 말일세. 뒷간이 어디 있나?"

이윽고 뒷간에 도착한 두 사람은 볼일을 보러 각자 들어갔습니다. 그리고, 이성계가 들어간 직후 투란은 뒷간 밖으로 빠져나왔습니다.

'이성계, 너의 운명이 이 화살에 있다. 나의 활이 표적을 빗나간 다면, 너는 살아날 것이고 그렇지 못하면 죽게 되겠지.'

투란은 화살 세 순을 준비한 뒤, 뒷간에서 멀찍이 떨어져 활을 쏠 준비를 마쳤습니다.

'받아랏. 이성계!'

"휙!!"

한 발이 나가고,

"휙!!"
"휙!!"

두 발, 세 발. 그렇게 투란이 쏜 세 발의 화살은 신기할 정도로 이성계가 있는 뒷간 속에 정확히 들어갔습니다.
뒷간 안에서는 쥐죽은 듯 아무 소리도 나지 않았습니다.

'명중했겠지. 정확히 목표에 쏘았다.'
'미안하다, 이성계. 너에게 악감정은 없었다. 모두 우리 부족의 미래를 위해서야….'

그렇게 자책하던 투란은 잠시 후, 다리가 풀려 쓰러질 정도로 놀랐습니다.
이성계가 투란이 쏜 세 발의 화살을 쥔 채, 허리춤을 추스르며 나오는 것이었습니다.

'이… 이럴… 수가….'

"무슨 일인가 투란? 볼일은 다 봤는가?"

영혼이 빠져나간 듯한 표정의 투란 앞에서, 이성계는 아무 일 없었다는 듯 미소를 짓고 있었습니다.

"아니 글쎄, 투란. 볼일을 보는데 뒷간에 화살이 날아오지 않겠나. 내가 세 발 모두 이 손으로 잡아냈지. 이런 일은 늘 있는 일이라 별거 아니었어. 자네도 그렇지 않나? 여기 화살은 자네가 갖게. 하하하!"

너스레를 떨며 화살을 내미는 이성계에게, 투란은 털썩 무릎을 꿇었습니다.

"이게 무슨 짓인가? 왜 자네가 나에게 무릎을 꿇는 건가!?"
"나는 자네의 목숨을 노렸다네. 자네가 살아났으니 이제 나를 죽이도록 하게."
"무슨 영문인지 모르겠군! 내가 자네를 어떻게 죽이겠는가? 난 자네가 마음에 들었다고 하지 않았나?"

이성계는 허리를 곧게 펴고는, 호탕한 미소를 지으며 투란에게 손을 내밀면서 말했습니다.

"투란. 자네가 날 죽이려고 했건 말건 그건 중요하지 않아. 중요한 것은, 난 자네와 함께 큰 꿈을 펼쳐 보기로 마음먹었다는 거야."

이성계의 표정은 온화함 그 자체였습니다.

"그러니까 내 손을 잡고 어서 일어나게. 나와 함께 세상에 이름을 한번 떨쳐 보자고. 그럴 사람은 자네밖에 없다는 확신이 든다네. 내가 쇠구슬로 부순 물동이를 자네가 진흙으로 메꾸어 주었듯이, 내가 뒤흔들 앞으로의 역사를, 자네가 진흙처럼 꼼꼼히 메꾸어 줄 수 있겠는가?"

'이 사람은… 내가 평생 따를 만한 사람이다!'

투란은 그 순간, 결심을 했습니다.

"알겠다네, 성계. 나는 앞으로 자네에게 내 목숨을 바칠 것이네."

이성계는 그 어느 때보다 크게 웃으며 투란을 얼싸안았습니다.

"하하하!! 목숨까지 바칠 필요는 없네. 자네는 앞으로 나와 함께 가는 거야. 응? 하하하!!"

이성계의 호탕한 웃음소리와 함께, 두 사람은 어깨를 나란히 하고 시장을 따라 걸어갔습니다.
시장의 혼잡한 사람들 속에서도, 두 사람이 함께 가는 모습은 마치 빛나는 것처럼 뚜렷이 보여 멀리서도 알아볼 정도였습니다.

그 이후 두 사람은 만나지 않는 날이 없을 정도로 거의 매일 만나 함께 사냥을 하고 무술을 연마하며 즐거운 시간을 보냈습니다.

투란과 이성계의 우애는 날로 깊어져, 서로를 가슴 속으로 인정하게 되었습니다.

5 나하추 토벌

그렇게 시간이 흘러 투란이 서른두 살이 되던 해에, 고려 출신의 조소생이란 사람이 고려를 배신하고 원나라의 장군 나하추와 만남을 가졌습니다.

조소생은 뛰어난 장군인 나하추를 꼬셔 고려 땅이 된 동북면으로 쳐들어가게 했습니다.

나하추의 용맹에 고려 군대는 계속해서 패배했습니다.

결국 고려 조정에서는, 이제 동북면에서 크게 성장해 그 이름을 널리 떨치고 있던 이성계를 지휘관인 동북면 병마사로 임명하여 나하추를 격퇴하라는 명령을 내렸습니다.

이성계의 아버지인 이자춘은 원나라가 쇠퇴할 조짐을 보일 때부터 이미 가족을 데리고 고려에 투항한 상태였습니다.

이성계는 어명을 받고 곧바로 투란을 찾아갔습니다.

"투란. 조정에서 나를 동북면 병마사로 임명했다네. 나하추를 쫓아내라고 하는구만."

"우리의 고향 땅을 짓밟는 침략자들을 그냥 둘 순 없지 않겠나? 마침 잘 되었군. 나는 내가 이끄는 여진족 사람들을 이끌고 참전할 테니 명령만 내리시게. 병마사 나으리."

"나으리라니 쑥스럽구만. 그런 말 말게, 친구. 준비가 되는 대로 출발할 테니 병사들을 모아 주게나!"

"알겠네."

군대를 모은 이성계와 투란은 나하추의 군대가 주둔하고 있는 곳으로 나아갔습니다. 고려 군대는 근처에 진을 치고, 막사에서 작전 회의를 열었습니다.

"나하추의 군대는 수만 명이나 된다. 우리는 그에 비하면 훨씬 적은 수이다."

이성계는 지휘봉을 잡고 장군들을 바라보았습니다.

"정면으로 부딪친다면 수적으로 불리한 우리가 패배할 것이다. 좋은 책략이 있는 장군은 말해보라."

하지만 계속해서 나하추에게 패배해 온 고려군은 사기가 떨어져 있었고, 장군들은 아무 말도 하지 못했습니다.

그때, 투란이 입을 열었습니다.

"적군에게 기습 공격을 가한다면 승리할 수 있을 것입니다."

이성계는 반가운 표정으로 투란을 지긋이 바라보며 말했습니다.

"기습이라. 계속 말해 보시오."

투란은 준비한 지도를 꺼내 들었습니다.

"적의 집결지 방향을 우회해 돌아가면, 함관령이라는 고개가 나옵니다. 이 고개를 넘어 기습한다면 적은 당황해 퇴각할 것입니다."

그 말을 들은 다른 장군이 나서며 말했습니다.

"하지만 함관령은 매우 높은 고개입니다. 고개를 넘기도 전에 지쳐버린다면 무슨 소용이겠습니까?"

"바로 그겁니다. 적 또한 계속해서 패배해 사기가 떨어진 우리 군대가 함관령을 넘을 것이라는 생각을 하지 못했을 것입니다. 적의 허를 찌르는 것이 이번 작전의 핵심입니다. 지칠 것을 걱정한다면 이기는 것 또한 생각할 수 없는 것입니다."

두 사람의 대화를 심각한 표정으로 듣고 있던 이성계는 고민 끝에 결정을 내렸습니다.

"좋아. 결정했다. 우리는 함관령을 넘어 적을 기습한다."

투란이 살짝 미소를 짓는 것을 바라본 이성계는 말을 이었습니다.

"나는 본대를 지키고, 기습공격의 지휘는 작전을 낸 쿠룬 투란 티무르 장군이 할 것이다. 다른 장군들은 그를 돕도록 하라."
"예!!"
"?!"

이성계가 무려 기습공격의 지휘권을 줄 것이라고는 예상하지 못한 투란은 순간 당황했으나, 내색하지 않고 막사를 나왔습니다.

'성계가 나에게 공을 세울 기회를 주는구나. 좋다. 이번 작전은 꼭 성공해 보이겠다.'

다음 날, 투란은 군대를 지휘해 함관령을 넘기 시작했습니다.

"우리가 이 고개를 넘어온다는 것을 적은 생각지도 못했을 것이다. 힘을 내라!"

투란은 지친 병사들을 독려해 힘겹게 고개를 올라갔습니다.
마침내, 함관령을 넘은 투란의 군대는 나하추의 주둔지를 향해 엄청난 기세로 공격해 들어갔습니다.

"우와!! 적이 쳐들어왔다!"

"무슨 소리냐? 고려 군대는 한참 떨어진 곳에 있단 말이다! 어떻게 쳐들어온 거지?"

"적이 함관령을 넘어 쳐들어온 모양입니다!"

"설마, 그 험준한 고개를 넘을 것이라고는…. 내 실수다! 퇴각한다!"

나하추는 당황한 군대를 수습해 퇴각하기 시작했습니다.
도망가는 나하추를 본 투란은 말을 달려 맹렬히 추격했습니다.

"나하추! 서라!! 송나라 악비 장군의 후예인 이 쿠룬 투란 티무르가 왔다!"

나하추는 투란을 힐끔 쳐다보고는 크게 외쳤습니다.

"악비 장군의 후예라고? 나는 칭기즈 칸의 오른팔인 무칼리 장군의 후예, 나하추이다! 우린 좋은 승부를 할 수 있겠지만, 지금은 아닌 것 같군. 다음 기회에 보도록 하자!"

"도망가는 거냐? 비겁한 놈!"

투란의 도발에도 나하추는 침착하게 군대를 지휘해 퇴각했습니다. 하지만 예상치 못한 기습에 나하추의 군대는 사기가 크게 꺾였습니다.

투란이 성공적으로 기습을 마치고 진영으로 돌아오자, 이성계는 크게 웃으며 맞이하였습니다.

"하하하! 난 자네가 성공할 것이라 예상했었지. 어서 오게. 고생했으니 일단 좀 쉬도록 할까?"
"적이 사기가 꺾였을 때 계속 공격해야 합니다. 쉴 틈이 없습니다."

이성계는 미소를 지으며 대답했습니다.

"맞는 말이야. 자네는 정말 지치지 않는구만. 좋아, 전군은 나하추를 추격한다! 적을 함흥 평야로 유인해 공격하자!"
"우와아아!!"

고려 군대는 나하추의 군대를 쫓아가기 시작했습니다.
고려군을 맞아 공격하려 하던 나하추는 이성계의 유인에 의해 함흥 평야에서 맞부딪히게 되었습니다.
고려 군대를 본 나하추는 말을 타고 나가 큰소리로 외쳤습니다.

"이리로 유인한 것을 너의 실수로 만들어주마. 이 넓은 평야에서 한 판 승부를 보도록 하자. 이성계!"

"바라던 바다! 모두 공격!!"

"공격!!"

양 군대는 벼락 치는 듯한 함성과 함께 평야에서 격돌했습니다.

병사의 수는 나하추의 군대가 많았으나, 사기가 오른 고려군은 적을 서서히 제압하기 시작했습니다.

나하추는 밀리기 시작한 것을 느끼고, 적장인 이성계를 직접 공격할 계획을 세웠습니다.

"결사대는 나를 따르라! 이성계를 처치한다면 이 전투에 승리할 것이다!"

나하추와 그가 이끄는 정예부대가 고려군을 돌파해 이성계에게 호랑이와 같은 기세로 공격해 들어가자, 이성계는 계책을 세웠습니다.

'여기에서 내가 도망가는 척하며 나하추와 결사대를 유인한다면, 우리 군대가 남은 적을 쉽게 이길 수 있을 것이다. 한 번 더 유인을 해 볼까.'

이성계는 말을 잡아타고 후방으로 도망쳤습니다.
나하추는 신이 나서 이성계를 쫓기 시작했습니다.

"잡아라! 이성계를 잡아라!"

한참을 달렸을까, 넓은 벌판 주위에는 아무도 보이지 않고 이성계와 나하추, 그리고 몇 명의 결사대만이 말을 달리고 있었습니다.
결사대 한 명이 이성계 바로 뒤편까지 다가와, 손을 뻗어 이성계를 잡아채려는 찰나였습니다.

"좋아. 지금이다!"

이성계는 말에서 떨어지는 척하며, 말에 매달린 채로 뒤편의 나하추에게 활을 쏘았습니다.

"으윽!"

화살은 나하추의 겨드랑이를 스치고 지나갔습니다.

'이런, 아까웠다.'

"이성계. 이놈! 잔재주를 부리는구나! 놓치지 않겠다!"

그때, 뒤에서 큰 함성 소리와 함께 흰 말을 탄 장수 한 명이 맹렬히 나하추에게 돌격해 오고 있었습니다.
바로 이성계가 위험한 것을 직감해 달려온 투란이었습니다.

"멈춰라 나하추! 내 친구를 다치게 하지 마라!"
"넌 그때 그 악비 장군의 후예가 아니냐? 좋아, 잘 만났다. 이렇게 된 것, 두 놈 다 잡아 보이겠다!"

나하추는 투란에게 말을 돌렸고, 이성계와 투란은 나하추를 가운데에 둔 채로 공격해 들어갔습니다.

"으랴앗!"
"챙! 챙!"

창과 칼이 몇 번이나 서로 부딪혔을까, 나하추는 두 사람을 당해 내지 못했습니다.
하지만 나하추에게는 비장의 기술이 있었습니다.

"이때를 기다렸다. 받아라, 이성계!"

 결사대와 이성계의 말과 말이 서로 뒤엉키자, 나하추는 이성계의 정면에서 이성계에게 활을 쏘았습니다.

 "안 돼!!"

투란이 고함을 질렀으나, 바로 앞에서 쏜 화살을 피하기란 어려워 보였습니다. 그러나 이성계의 무예는 이미 사람이 예측하기 힘든 단계까지 올라와 있었습니다.

이성계는 말에 탄 채로 말 안장을 딛고 벌떡 일어섰고, 나하추의 화살은 이성계의 가랑이 사이로 빠져나가고 말았습니다.

"이럴, 이럴 수가!! 어떻게?!"
"기회다!"

투란은 때를 놓치지 않고 나하추를 공격했습니다. 당황한 나하추는 결국 투란을 당해내지 못하고 말을 돌렸습니다.

"저런 놈들은 이길 수 없다! 후퇴한다!"
"어딜 도망가느냐!"

나하추를 쫓으려던 투란을, 이성계는 말렸습니다.

"투란, 이제 됐네. 우리는 전장으로 돌아가세. 저놈은 이제 다시 돌아오지 못할 것이야."
"알겠네. 그나저나 자네의 무술 실력은 정말 신기할 정도이구만. 거기에서 화살을 피할 줄은 생각도 못했다네."

"하하하! 보통이지 뭘. 자네가 아니었다면 난 진작에 나하추에게 잡혔을 걸세."

두 사람은 서로를 칭찬하며 전장으로 돌아갔습니다.
이성계의 작전대로 이미 승패는 기울어, 나하추의 군대는 퇴각하고 있었습니다.

"좋아. 우리의 승리다! 모두 환성을 질러라!!"
"우와!!"

나하추는 완전히 패배하여, 북쪽으로 도망갔습니다.
고려 군대는 승리의 기쁨에 젖어 귀환했습니다.
모두들 지휘관인 이성계에게 대승을 거둔 것을 축하했지만, 이성계는 투란에게 공을 돌렸습니다.

"난 투란이 없었다면 이기지 못했을 거야. 이 전쟁의 승리는 순전히 투란 덕이네."

이성계는 투란을 마음속 깊이 신뢰했고, 투란 역시 이성계에게 미래를 맡겼습니다.

세 번째

투란에서 이두란으로

1. 의형제를 맺다
2. 황산 대첩

1 의형제를 맺다

그렇게 시간이 흘러 투란이 서른일곱 살이 되던 해, 중국에서는 명나라가 세워지고, 원나라는 북쪽 초원으로 쫓겨났습니다.
투란은 그날도 이성계와 함께 사냥을 하고 있었습니다.

"투란! 저쪽에서 사슴을 유인해!"
"알겠네!"

두 사람은 이제 손발이 척척 맞아, 열 사람이 와도 못 잡을 사냥감을 하루에 잡을 정도로 뛰어난 실력을 보여주었습니다.

해가 저물자 사냥을 마친 두 사람은 말에 탄 채 사냥감을 수레에 싣고 마을로 돌아오고 있었습니다.

"오늘도 엄청난 성과로군! 이 정도면 한 달은 먹겠어."
"하하. 성계 자네와 함께하니 사냥 또한 즐겁기 짝이 없네."
"그렇지? 그래서 말인데, 투란. 내 예전부터 하려던 말이 있다."

이성계는 문득 말을 멈추더니 매우 진지한 표정으로 투란을 바라보며 말했습니다.

투란 역시 말을 따라 멈추었습니다.

"무슨 일인가? 갑자기 그런 표정을 지으니 긴장되는군."
"투란. 우리가 함께 말을 달린 지도 벌써 십육 년이 되었다."

투란은 손가락을 꼽아 숫자를 세어 보더니 대답했습니다.

"벌써 그렇게 되었나? 세월이라는 것은 정말 빠르군. 참 많은 일이 있었지."
"십육 년 동안 나는 자네에 대한 신뢰를 계속 쌓아 왔다네. 그리고 중국에서는 원나라가 몰락하고 명나라가 세워졌다지. 이렇게 급하게 변해가는 세상 속에서, 나는 자네와 함께하는 멋진 내일을 기대하고 있어."
"음… 나 역시도 그렇다네."

이성계는 투란에게 손을 내밀며 말했습니다.

"투란. 나와 의형제를 맺지 않겠는가? 자네야말로 나의 꿈을 이해해 줄 사람이야. 이제 친구가 아닌 형제로 자네를 대하고 싶군. 함께 천하를 이야기해 보지 않겠는가?"

투란은 이성계의 눈을 바라보았습니다. 그 눈은 미래에 대한 열정으로 붉게 빛나고 있었습니다.

'나는 이 사람에게 내 미래를 맡기겠다고 결심했었지. 못 할 이유가 없다.'

투란은 이성계가 내민 손을 잡으며 말했습니다.

"내가 먼저 하고 싶었던 말이네. 자네와 의형제가 된다는 것은 매우 기쁜 일이라네."
"하하하! 정말 기분 좋군, 좋아. 그렇다면 자네가 나보다 나이가 네 살 많으니, 앞으로 형님으로 모시겠습니다. 형님!"
"무슨 소리인가? 나는 자네를 평생 따르기로 결심한 사람이야."

투란은 말에서 내려 이성계를 올려다보며 말했습니다.

"기억나는가? 자네는 내가 자네를 해치려 한 것을 용서해 주었지. 나는 그 이후로 평생 자네가 하는 일을 따라가기로 자신에게 맹세했다네. 나의 맹세를 거스르게 하지 말아 주시게."

투란은 이성계를 향해 고개를 숙이며 말을 이었습니다.

"앞으로 형님을 목숨을 바쳐 따르겠습니다. 이 부족한 동생을 잘 이끌어 주십시오."

이성계는 말에서 내려 깊게 감동받은 얼굴로 투란의 손을 맞잡았습니다.

"알겠네, 동생. 너의 생각이 그렇다면 앞으로 동생으로 삼겠네. 이 형을 잘 보필해 주게."

이성계는 고개를 젖히며 크게 웃었습니다.

"하하하! 오늘은 가장 기쁜 날이다! 이런 날 술 한잔이 빠질 수 없겠지. 동생?"
"가시죠, 형님. 오늘은 의형제가 된 기념으로 즐겁게 놀아 봅시다."

이제 형제가 된 두 사람의 웃음소리는 숲에서 마을까지 끊이지 않고 이어졌습니다.

"드디어 투란과 이성계가 의형제를 맺었군요?"

승현이는 초롱초롱한 눈빛으로 할아버지를 바라보며 말했습니다.

"그래. 투란의 나이 스물한 살에 이성계를 처음 만나, 서른일곱 살이 되어서 의형제를 맺은 것이지."

"십육 년이나 걸렸네요."

"그 십육 년 동안 서로를 지켜본 두 사람은 이제 의형제가 되어서 평생을 함께 살아보겠다고 결심한 거란다. 그리고 그때 의형제를 맺은 더 중요한 이유가 있지."

"뭔데요.. 할아버지?"

할아버지는 다리를 쭉 펴면서 승현이에게 말했습니다.

"중국에서 원나라가 북쪽으로 쫓겨나고 명나라가 새로 세워졌다고 했잖니? 새로운 나라가 나타났으니 그동안의 질서가 뒤바뀌고 또 다른 세력이 등장할 것이라는 사실을 투란과 이성계는 예측한 거란다."

할아버지는 말을 이었습니다.

"두 사람은 단순한 장군이 아니라, 따르는 사람들이 매우 많았다고 했었지? 두 사람이 의형제를 맺은 것은 투란의 여진족과 이성계의 동북면 세력이 힘을 합쳤다는 뜻이란다. 변화하는 세상에 맞서 서로 힘을 합칠 것을 결의한 것이지."

승현이는 눈을 빛내며 말했습니다.

"와! 그런 뜻이 있군요? 의형제는 단순한 두 사람의 개인적 만남이 아닌 세력끼리의 만남을 상징하는 거죠?"

할아버지는 대견한 듯 승현이의 머리를 쓰다듬었습니다.

"녀석. 학교에서 역사 시간에 열심히 공부한 모양이구나. 정답이란다."
"헤헤."
"그렇게 의형제를 맺은 두 사람은, 옛날 기록을 보면 '만나지 않는 날이 없었다.'라고 적혀 있어. 매일같이 만나서 우애를 다졌다는 거지. 그리고 의형제를 맺은 지 4년 뒤, 투란은 본격적으로 따르는 여진족들을 이끌고 고려에 투항한단다."
"그렇다면 그때부터 투란은 고려 사람이 된 거네요?"
"그렇지. 여기서 문제를 내어 볼까. 투란이 투항한 데에 누가 가장 영향을 많이 끼쳤을 것 같니?"
"그야 당연히 이성계겠죠? 의형제인 데다, 할아버지가 아까 세력이 힘을 합쳤다고 했잖아요. 투란 입장에선 고려에 완전히 들어오면 힘을 합치기 더 쉬웠을 거니까요."

할아버지는 승현이의 머리를 헝클어뜨리며 말했어요.

"허허. 정답이다. 내가 더 말 안 해도 우리 손주는 다 이해하고 있구나. 이야기 그만해도 되겠는데?"

"아니에요, 할아버지. 전 아무것도 몰라요. 헤헤."

"허허허. 그리고 이성계는 이제 투란이 고려 사람이 되었으니, 투란에게 자신의 이씨 성과 고려식 이름을 준단다. 그때부터 투란은 성은 이, 이름은 투란을 한자식으로 바꿔 부른 두란으로 불리게 된다."

"이두란이라. 이제 뭔가 한국 사람 같은 이름이 되었네요."

"그렇단다. 고려에 완전히 귀화한 것이지. 귀화한 이두란은 이성계와 함께 여러 전투에 참여하게 돼. 당시 혼란한 상황에서 고려는 외적의 침입을 많이 받았는데, 이두란과 이성계가 참전해 승리한 대표적인 전투로는 황산 대첩이 있단다."

"황산 대첩이요? 대첩이라고 하면 일반 전투보다 큰 거 아니에요?"

"아무 전투에나 대첩이라는 표현을 쓰지는 않아. 역사에 길이 남을 큰 승리를 거둔 전투에 대첩이라는 표현을 쓰지. 그럼 어떻게 황산 대첩에서 승리하게 되었는지 이야기를 계속해 볼까?"

"네. 할아버지!"

할아버지는 자세를 고쳐 이야기를 이어나갔습니다.

2 황산 대첩

9월의 늦은 여름날, 이두란과 이성계는 군대를 이끌고 남원으로 행군하고 있었습니다.

왜구들의 대대적 침입으로 고려 국토는 엄청난 피해를 입었고, 각지에 흩어져 있던 왜구들은 남원 근처에 모두 집결해 한 번에 개경으로 쳐들어갈 움직임을 보였습니다.

- 고려의 수도.

이에 고려 조정에서는 이성계를 지휘관으로 임명해 나라의 운명을 걸고 왜구들과의 싸움을 명령했던 것입니다. 이두란은 의형제를 돕기 위해 전투에 참전했습니다.

"으윽! 정말 보기 힘들군."

이두란은 인상을 찌푸리며 고개를 설레설레 저었습니다.

남원으로 가는 길에는 왜구와의 싸움에서 죽은 병사들과 백성들의 시체가 산처럼 쌓여 마치 지옥을 생각나게 했습니다.

"끔찍하구나. 이 왜구 놈들을 어떻게 해야 좋단 말인가."
"나는 그 원수들을 모두 살려 두지 않을 것이야! 동생."

이두란은 고개를 돌려 이성계를 바라보았습니다.
이성계의 눈은 분노로 가득 차 마치 마왕을 보는 듯했습니다.

"형님. 적 대장을 처치하는 것은 반드시 제가 하도록 하겠습니다. 꼭 맡겨 주십시오."
"물론이라네. 동생과 내가 힘을 합친다면 왜구 할아버지가 와도 못 당할 것일세. 활을 잘 닦아 놓게나."

두 사람이 이끄는 고려 군대는 이윽고 남원에 도착했습니다.

왜구와 먼저 대치하고 있던 고려의 배극렴 장군은 환하게 웃으며 일행을 마중 나왔습니다.

"어서 오십시오. 이성계 장군. 지원군을 이끌고 와서 정말 다행입니다. 우리 군대는 계속 패배하여 사기가 말이 아니었습니다."
"그래, 반갑구려. 배극렴 장군. 그동안 고생이 많았소. 이제 전투는 나에게 맡겨 주시오."
"마음이 놓입니다, 장군. 일단 먼 길을 오느라 피곤하실 테니 며칠간 쉬시면서 상황을 설명 드리도록 하겠습니다."
"아니. 내일 당장 적을 공격할 것이오."
"예??"

이성계는 번뜩이는 눈으로 왜구가 있는 방향을 노려보며 말했습니다.

"나는 저 왜구들을 그냥 둘 수 없소. 하루라도 빨리 적을 처치할 것이오."

"하지만 왜구들은 지리산 부근인 황산에서 진지를 세우고 있습니다. 상당히 험한 곳인데, 장군의 정예 부대들은…."

배극렴 장군은 이두란을 힐끗 쳐다보더니 말을 이었습니다.

"대부분 동북면 출신 기병 부대들 아닙니까? 황산은 기병이 싸우기에 좋은 장소가 아닙니다. 거기에다 적의 숫자는 우리의 열 배에 달하지요. 지금까지 전투를 볼 때 왜구들은 기다리면 스스로 쳐들어왔으니, 우선 상황을 지켜보시는 게 좋지 않겠습니까?"

이성계는 결심한 듯 벌떡 일어나며 외쳤습니다.

"남원으로 내려오면서 나를 가장 힘들게 한 것은, 그 죽일 왜구 놈들을 이 두 눈으로 보지 못하는 것이었소. 그런데 적이 눈앞에 있는데 싸우지 않고 기다릴 수는 없소!"

이성계는 주위의 장군들을 둘러보며 말했습니다.

"우리는 반드시 이길 것이니 내일 공격할 수 있도록 준비하시오!"

"예!!"

이성계가 강인한 모습을 보여주자, 장군들의 사기가 모두 올랐습니다.

'과연 형님이다. 나 역시 내일 전투에서 분발해야겠구나.'

이두란은 마음을 굳게 먹고 전투를 준비했습니다.

다음 날 아침, 이성계는 작전을 짠 다음 공격 명령을 내렸습니다.

"전군! 공격!"
"우와아아!!"

고려 군대가 작전대로 적의 정면과 뒤를 동시에 노리며 공격해 들어가는 모습을, 왜구의 대장 아지발도는 진지한 표정으로 바라보고 있었습니다.

"이성계의 작전은 과연 보통이 아니구나. 하지만 그렇다면 나에게도 계획이 있지."

왜구의 침입

 왜구는 고려 말부터 우리나라 해안에 등장해 사람들을 약탈하고 죽이거나 납치하는 등 끔찍한 짓을 저지른 해적 집단이야.
 특히 이두란과 이성계가 활약하던 시기는 왜구의 고려 침략이 절정에 이르던 시기였어. 오죽 침입이 심각했으면 고려에서는 나라의 수도

를 바다와 가까운 개경에서 내륙 지역인 철원으로 옮기자는 말이 나왔을 정도란다.

하지만 고려에서는 왜구에 대해 곧 대대적으로 반격을 시작하게 되었어. 바로 화포를 개발한 최무선이 활약한 진포 대첩, 그리고 지금부터 이야기할 황산 대첩이 대표적인 고려가 승리한 전투들이야.

이 두 차례의 대첩 이후 왜구는 세력이 꺾여서, 이후에도 계속해서 침입해오긴 하지만 예전과 같이 나라를 위협할 정도의 힘을 보여주진 못하게 돼.

왜구의 침입은 고려의 힘이 약화된 원인 중 하나가 되었는데, 이들을 물리친 공으로 이름을 떨친 이성계가 결국 고려를 멸망시키고 조선을 세웠다는 것은 흥미로운 부분이지.

아지발도의 명령에 따라 왜구의 군대가 쳐들어오는 고려군에 맞서 높은 지형을 이용해 작전을 펼치자, 고려 군대는 산을 올라가 공격하는 모양이 되어 공격이 쉽지 않았습니다.

한참이 지나도 왜구가 물러설 기색이 보이지 않자, 이성계는 이두란을 돌아보며 말했습니다.

"동생, 가자! 적을 쓸어버리자!"
"네! 형님!"

이성계와 이두란은 칼을 빼 들고 적진을 향해 돌격했습니다.

"챙… 챙…."
"으악!!"

이두란은 용감히 적을 베어 넘기며 한 걸음씩 앞으로 나아갔습니다.

얼마나 적을 처치했을까. 문득 형님이 궁금해진 이두란은 고개를 돌려 이성계를 바라보았습니다.

그러던 그때, 왜구의 장수가 큰 창을 들고 이성계에게 다가가고 있었습니다.

"형님, 뒤를 보시오! 형님!!"

다급해진 이두란이 이성계를 두 번이나 불렀으나, 한참 적과 싸우고 있던 이성계는 그 소리를 듣지 못했습니다.

'이런… 안되겠다!'

이두란은 급하게 활을 뽑아 왜구의 장수에게 쏘았습니다.

다급한 마음에 제대로 겨누지도 않고 쏘았지만, 화살은 정확히 목표를 꿰뚫었습니다.

그때서야 쓰러지는 왜구를 본 이성계는 이두란을 보며 씨익 웃더니 외쳤습니다.

"두란이! 내 목숨을 구했구만! 감사의 인사는 승리 후에 하겠다!"
"조심 좀 하시오 형님! 큰일을 하겠다고 하지 않았소? 여기서 죽어서야 되겠소!"

이성계는 아무 말 없이 미소를 짓더니 말을 타고 적진으로 뛰어들어갔습니다.
그러나 왜구는 이성계의 위치를 확실히 파악했고, 화살이 이성계를 목표로 비 오듯이 쏟아졌습니다.

"이히히힝!"

이성계가 탄 말이 화살에 맞아 쓰러졌습니다.

이성계는 아랑곳하지 않고 다른 말을 잡아탔으나, 새로 탄 말마저도 화살을 맞아 쓰러지고 맙니다.

"으윽!"

말에서 떨어진 이성계는 마침내 왼쪽 다리에 화살을 맞았습니다.

"형님!!"

이두란의 안타까운 목소리를 듣자, 이성계는 아찔한 정신을 간신히 부여잡고 활을 다리에서 뽑아내었습니다.
이두란은 한달음에 이성계에게 달려갔습니다.

"형님. 힘을 내시오! 괜찮은 거요?"
"으으윽…!"

이성계는 이두란의 부축을 받고 일어나, 칼을 뽑아 잡고는 한 발짝 앞으로 나아갔습니다.
그리고는 칼을 꼿꼿이 들어 뜨거운 태양을 가리키더니 크게 고함을 질렀습니다.

"겁나는 사람이 있거든 후퇴하라! 나는 적과 싸우다 죽을 것이다!"

그 광경은 마치 한 마리의 짐승을 보는 것처럼 기세등등해, 왜구들을 모두 겁에 질리게 했습니다.
반대로 지휘관인 이성계가 죽기를 각오하자, 고려군에게는 크게 사기를 올려주는 효과를 거두었습니다.

"와아아!!"

힘을 낸 고려군은 왜구들을 계속 밀어붙였고, 마침내 왜구들은 조금씩 당황하기 시작했습니다.

그때, 왜구의 진영 뒤편이 술렁거리더니 빛나는 흰 말을 탄 한 장수가 나타났습니다.
그는 온몸을 튼튼한 갑옷으로 둘러싸고 매우 큰 창을 들고 있어 마치 귀신과도 같아 보였습니다.
바로 왜구의 대장 아지발도였습니다.
아지발도가 고려군에게로 돌격해 날뛰기 시작하자, 고려 군대는 그 기세에 어쩔 줄 모르고 도망가기 바빴습니다.

먼발치에서 아지발도를 지켜보고 있던 이성계는, 감탄한 표정으로 이두란을 바라보며 말했습니다.

"두란. 저 장수는 적이지만 정말 용맹하구나. 이름이 아지발도라고 했지? 저 녀석을 사로잡아 내 부하로 만들 수 없을까?"

이두란은 기가 막히다는 표정으로 이성계를 바라보았습니다.

"이 상황에서 부하를 늘릴 생각을 하다니, 형님은 정말 대단합니다그려. 분명히 왜구를 모두 쳐 죽일 것이라 하지 않았소?"
"저놈의 무예를 보니 생각이 조금 바뀌는구나. 내 사람으로 만든다면 정말 좋을 것 같은데."

이두란은 아지발도를 지긋이 바라보고는 말했습니다.

"저도 그랬으면 좋겠습니다만, 그러려면 우리의 피해가 막심할 것입니다. 아지발도의 무예가 보통이 아니니, 죽이기도 어려운데 사로잡기는 얼마나 어렵겠습니까?"

이성계는 아쉬운 표정으로 입맛을 다셨습니다.

"하긴 그렇겠지…. 어쩔 수 없군. 모두 저놈에게 화살 맛을 보여 주어라!"

고려 군대가 일제히 아지발도에게 활을 쏘았으나, 아지발도의 튼튼한 갑옷이 온몸을 감싸고 있어 화살 한 발도 피해를 주지 못했습니다.

"안 되겠소. 형님! 화살이 놈의 갑옷을 뚫지 못하오!"

이두란의 말을 듣자 이성계는 활을 직접 꺼내며 말했습니다.

"두란. 너의 활 솜씨와 내 활 솜씨가 함께 한다면 못 잡을 것은 없다고 했었지?"

이두란은 고개를 끄덕이며 대답했습니다.

"물론이오. 형님."
"그렇다면 내가 아지발도의 투구 끈을 활로 쏘아 맞힐 테니, 투구가 떨어졌을 때 네가 화살로 머리를 뚫어 버리거라. 할 수 있겠지?"

이두란은 잠시 생각하더니, 주먹을 꽉 쥐고 말했습니다.

"못할 거 있겠소. 내 반드시 왜구의 대장을 처치하겠다 약속하지 않았소? 맡겨만 주시오."
"좋다. 가자!"

이성계와 이두란은 아지발도를 향해 정면으로 달려갔습니다.
한참 날뛰고 있던 아지발도는 달려오는 두 사람을 보고는, 고려군의 지휘관임을 단번에 알아보았습니다.

"받아라!"

아지발도는 활을 꺼내 들더니 두 사람을 향해 정신없이 쏘아 댔습니다.
하지만 형제는 화살이 날아오는 것에 개의치 않고, 계속 달려와서 한 바퀴 구르고는 이성계가 먼저 활을 쏘았습니다.

"휙!"

이성계의 화살은 신기하게도 아지발도의 작은 투구끈을 정확히 맞췄습니다.

"윽!"

투구가 날아가자 당황한 아지발도는 투구를 다시 쓰려고 시선을 돌렸습니다.

그때를 놓치지 않고, 이두란은 팽팽히 당기고 있던 활시위를 놓았습니다.

"죽어라. 아지발도!"

화살은 엄청난 속도로 날아가, 아지발도의 머리를 정확히 명중했습니다.

"으악!!"

아지발도는 외마디 비명과 함께 말에서 떨어졌습니다.

"대장이 쓰러졌다! 죽었어!!"
"저게 사람의 활 솜씨인가!"

　왜구들이 당황해 어쩔 줄 모르며 우왕좌왕하자, 이성계는 총공격 명령을 내렸습니다.

"모두 공격하라! 적을 한 명도 살려두지 마라!"

　고려군은 사기가 하늘을 찌를 듯 올라 엄청난 기세로 돌격하였고, 마침내 왜구를 무찌르고 크게 승리하였습니다.

"진짜예요, 할아버지? 이성계가 활을 쏴서 아지발도의 투구를 떨어뜨린 다음 이두란이 처치했다는 이야기는 정말 믿을 수가 없어요. 무슨 소설도 아니고."

할아버지는 껄껄 웃으며 대답했습니다.

"허허허! 그렇지. 정말 믿기 어려운 이야기란다. 하지만 옛날 기록에 엄연히 남아 있는 내용이지. 그 정도로 이성계와 이두란의 무예가 대단했던 모양이야."

"와…!"

승현이는 입을 벌리며 감탄했습니다.

네 번째

이지란이라는 이름

1. 이지란 장군을 만나다
2. 영원한 여진족 사람
3. 이지란이라는 이름, 그리고 다문화

1 이지란 장군을 만나다

"이렇게 황산 대첩이 끝난 이후에도 이두란은 이성계와 함께 외적들과 맞서 싸우며 큰 공을 세웠단다. 그리고 결국엔 이성계가 고려를 무너뜨리고 조선을 건국하는 데에도 그 타고난 무예로 큰 힘을 주게 되지."

"이성계가 고려를 멸망시킨 것이군요? 거기에 이두란이 도움을 줬구요."

"그래. 태조 이성계가 조선을 세우자, 이두란은 그 공으로 개국공신으로 대접받게 돼. 이성계는 그 때가 되어서 드디어 이두란에게 이지란이라는 이름을 내려준단다."

"아! 그럼 이지란이라는 이름 역시 이성계가 붙여준 거네요?"

"그렇단다. 게다가 이성계는 부인인 신덕왕후의 조카딸과 이지란의 결혼을 주선하기까지 했어. 두 사람의 관계는 의형제 그 이상이었다고도 볼 수 있는 것이지."

할아버지는 다리를 털고 자리에서 일어났습니다.

"이제 슬슬 일어나 볼까? 승현이는 여태껏 이야기한 이지란의 얼굴을 보고 싶지 않니?"

승현이는 깜짝 놀란 표정으로 말했습니다.

"그 이지란 장군을 볼 수 있어요? 어디서요?"
"허허. 직접 보는 것이 아니라 그를 그린 초상화가 박물관에 남아 있단다. 그것을 보러 가자는 거야."

승현이는 조금 아쉬워하는 기색이었으나 곧 밝은 얼굴로 대답했습니다.

"네, 할아버지. 가요!"

할아버지와 승현이가 차를 타고 도착한 곳은 용인에 있는 경기도 박물관이었습니다.
그곳에서 승현이는 이지란 장군을 만날 수 있었어요.

이지란 초상화(경기도박물관)

관복을 입은 이지란 장군의 초상화는 승현이를 보고 반가워 빙긋 웃는 듯이 보였습니다.

하지만 승현이는 조금 실망한 기색이었어요.

"할아버지. 이지란 장군은 마치 여자처럼 예쁜 얼굴이었다 하지 않았어요? 제가 볼 때는 그냥 통통한 할아버지인데요?"

할아버지는 그 어느 때보다 크게 웃으며 말했습니다.

"하하하! 승현이가 보기엔 그렇겠구나. 아름다운 얼굴이 아니라 아쉬운 모양인데 너무 실망하지 마렴. 거기에는 이유가 있단다."

할아버지는 웃음기 띤 얼굴로 말을 이었습니다.

"이 초상화는 이지란이 죽고 한참 뒤에 그려진 것인데, 노인이 된 이지란 장군을 상상해 그린 것이지. 그리고 또 다른 이유는 조선 시대의 아름다움의 기준과 지금의 기준이 달라졌다는 것에 있단다. 당시에는 약간 통통한 얼굴이 미인이었던 모양이다. 다른 조선시대 미인 그림을 살펴봐도 통통한 얼굴을 하고 있거든."

승현이는 이해했다는 표정으로 고개를 끄덕였어요.

"그러니까 조선 시대 기준으로 이지란 장군은 예쁜 얼굴이 맞다는 거죠? 알겠어요."
"그래. 아름다운 얼굴의 여진족 출신 사나이가 엄청난 무예를 선보였으니, 당시에 이지란을 흠모하는 사람이 많았을 것이라 생각할 수 있겠지?"

할아버지는 빙긋 웃으며 말을 이었습니다.

"그렇게 개국공신의 위치에서 몇 차례 벼슬까지 한 이지란은, 이성계가 왕위에서 물러나고 아들 이방원이 등극하자 벼슬자리를 모두 내어놓고 불교에 귀의해 스님이 되었단다."
"스님이 되었다구요?"
"그렇단다. 기록을 보면 전쟁터에서 너무나 많은 사람을 죽인 것을 속죄하기 위해서라고 해."
"정말 한 편의 드라마를 보는 듯하네요. 할아버지."

할아버지는 옅은 미소를 짓더니 이야기를 계속했습니다.

2 영원한 여진족 사람

"자, 이지란 공. 머리를 모두 깎도록 하겠습니다."

면도칼을 든 사람이 말하자, 이지란은 눈가의 주름을 지으며 웃어 보였습니다.

"그럼, 승려가 되려면 모두 깎아야 하지 않겠는가. 다만 부탁이 있네."
"무엇입니까?"
"내 수염은 남겨 둘 수 있겠나?"

면도칼을 든 사람이 궁금하다는 표정으로 물었습니다.

"어렵지 않습니다만, 어째서 수염만 남겨 두려 하십니까?"

이지란을 껄껄 웃으며 대답했습니다.

"내가 사나이 대장부라는 것을 나타내기 위해서라네. 하하하."
"허허…. 이지란 공도 참…."
"하하하!"

이지란의 호탕한 웃음소리는 멀리멀리 퍼져나갔습니다.
그로부터 일 년 뒤, 태종 이방원에게 한 통의 편지가 도착했습니다.

"전하. 청해백이 편지를 올렸사옵니다."
"이지란 숙부님의 편지라고?"
"예. 전하."

● 이지란의 직함으로 청해의 백작이라는 뜻이다.

내시가 무릎을 꿇고 이방원에게 한 장의 편지를 전해 올렸습니다.

"읽어 보겠다. 나가 있거라."
"예. 전하."

이방원은 살짝 떨리는 손으로 편지를 펼쳐 보았습니다.

그 내용은 이지란이 이방원에게 올리는 마지막 유언이었습니다.

"전하. 직접 찾아뵈어야 하는 것을 이렇게 송구하게도 편지를 올려 말을 전하게 되었습니다.

저는 여진족 사람입니다. 고려에 귀화했지만 항상 여진의 피가 저에게 흐르고 있다는 사실을 잊은 적이 없습니다.

저는 곧 죽을 것입니다. 제게 소원이 있다면, 불교의 방식대로 제 시신을 화장해 제 고향 동북면 청해에 묻어 주십시오. 이 늙은이의 마지막 간청입니다.

모쪼록 전하께옵서는 조심조심 덕을 쌓으셔서, 제 사랑하는 형님이 세운 이 나라 조선을 영원히 보전해 주십시오."

편지를 다 읽은 이방원은 슬픔에 잠겨 한동안 자리에서 일어나지 못했습니다.

'나와, 그리고 아버지와 함께 말을 타고 전장을 누비던 그 용감하신 숙부님께서 이제 돌아가시는구나.'

이방원 역시 이지란과 함께 전투에 참여하곤 했기에 그 슬픈 감정은 배가 되어 묻어 나왔습니다.

"전하, 명나라 사신이 기다리고 있사옵니다."

그때, 문밖에서 내시가 명나라 사신과의 연회가 약속되어 있음을 알려 왔습니다.

'지금은 그럴 기분이 아니다.'

이방원은 문밖을 향해 나지막이 말했습니다.

"사신에게는 내 몸이 아파 참석하지 못한다고 전해라."
"예, 전하."

내시가 사라지고 나서 한참이 지났지만, 이방원은 그 자리에 그대로 앉아 이지란과의 추억을 회상했습니다.

같은 시각, 함흥에 있던 이성계는 눈물을 흘리며 홀로 술을 마시고 있었습니다.

"지란이…. 지란이가 죽었어…!"

이성계는 술을 다 비웠지만 슬픔을 억누르지 못했습니다.

"나와 함께 말을 달리던 그때, 사슴을 잡던 그때가 생각나는구나. 내가 쇠구슬이라면, 너는 마치 진흙처럼 내가 망가뜨린 허물을 덮어 주었지."

"의형제가 되던 날, 나는 얼마나 기뻤는지 모른다. 난 네가 없었으면 왕이 될 수도, 천하를 이끌겠다는 내 꿈을 이룰 수도 없었을 거야…."

"지란이. 너는 여진족 출신이었지. 나는 네가 고려 사람이 되길 바랐고, 너에게 고려식 이름을 지어 주었지. 하지만 너는 네가 여진족이라는 사실을 숨기려 하지도, 결코 잊지도 않았었지…."

듣는 사람은 아무도 없었지만, 이성계는 마치 이지란이 그 자리에 있기라도 한 것처럼 끊임없이 말을 걸었습니다.

"지란이… 아니, 이젠 너의 진짜 이름을 부르고 싶구나. 투란. 보고 싶다. 투란…."

함흥에 뜬 밝은 달은 이성계의 슬픔을 아는지 모르는지 고요히 세상을 밝히고 있었습니다.

3 이지란이라는 이름, 그리고 다문화

"마지막 부분은 내 짐작이란다."

이야기를 마친 할아버지는 한 마디를 덧붙였습니다.

"네? 짐작이요?"

할아버지는 승현이를 지긋이 바라보며 말했습니다.

"그래. 이성계가 마지막 순간에 이지란 장군을 투란이라고 불렀다는 기록은 없단다. 하지만 짐작하건대 그렇게 부르지 않았을까 싶다."
"왜 그럴까요, 할아버지? 저는 잘 모르겠어요."

할아버지는 승현이와 함께 박물관 출구로 향하며 말을 이었습니다.

"이성계는 쿠룬 투란 티무르의 이름을 두 번이나 고려식으로 바꾸어 주지. 이두란에서 이지란으로. 이것은 의형제인 이지란이 고려 또는 조선 사람들과 완전히 동화되어 살기를 원했던 것으로 생각할 수 있어."

투란 → 이두란 → 이지란

"아무래도 이름이 여진족 이름이면 고려 사람들이 낯설어했을 테니까 말이죠?"

"그렇지. 하지만 그럼에도 이지란은 끝까지 본인이 여진족 사람임을 잊지 않았어. 그 사실은 그의 유언에서 확인할 수 있지. 이성계는 이지란이 고려인들과 동화되는 것을 바라왔지만 그것은 이지란의 뜻이 아니었지. 결국엔 그가 고려인이 아닌 여진족으로 살았음을 인정해주는 의미에서, 이성계는 마지막으로 투란이라는 이름을 불러주지 않았을까. 그게 내 생각이란다."

"와! 멋있어요. 할아버지는 정말 대단해요!"

할아버지는 어깨를 으쓱하고는 이야기를 계속했습니다.

"혹시 용광로 정책과 샐러드 접시 정책이라는 말을 들어본 적 있니?"

"할아버지… 역시 대단하시지만… 너무 말씀이 어려워요. 그게 무슨 뜻이지요?"

"음, 쉽게 이야기 해 볼까. 질문을 할게. 한 나라에 여러 민족과 문화가 들어오면서 다문화 사회가 되면, 나라에서는 그대로 내버려 두어야 할까? 아니면 다문화 사회에 맞는 정책을 만들어야 할까?"

"당연히 뭔가 정책을 만들어야 하지 않을까요? 서로 다른 문화가 섞였으니 가만히 있으면 여러 문제들이 생기겠죠."

"그렇지. 다문화 사회에 접어든 국가들은 다문화를 대하는 정책들을 각자 만들었겠지. 그 대표적인 정책으로 용광로 정책과 샐러드 접시 정책이 있단다. 먼저, 용광로가 어떤 것인지 알고 있니, 승현아?"

승현이는 잠시 생각한 후 대답했어요.

"쇠를 녹여서 다른 모양으로 만드는 것이잖아요? 제철소에 가서 본 적이 있어요. 엄청 뜨겁던데요?"

"그래. 다양한 민족과 문화를 지배적인 문화를 중심으로 모은 다음, 마치 용광로가 쇠를 녹이듯 융화시켜서 새로운 문화를 만들어 내는 것을 용광로 정책이라고 해."

"아, 그러니까 문자 그대로 문화를 녹여 낸다는 거죠? 그렇다면 용광로 정책을 사용하는 나라는 어떤 나라가 있나요?"

"현재 다문화 정책에 있어 이 용광로 정책을 실시하는 대표적인 나라가 중국이야. 중국은 한족들을 국가의 중심으로 하고, 소수민족들을 한족에 융화시켜 나가는 정책을 펴고 있지. 그러면서 다문화 사회를 한족 중심으로 발전시키겠다는 전략이란다."

"비유를 하니까 이해가 빠르네요, 할아버지. 용광로 정책에 대해 조금은 알 것 같아요. 그렇다면 샐러드 접시 정책은 뭐예요?"

할아버지는 손으로 접시 모양을 만들어 보이며 말했습니다.

"샐러드를 먹어 본 적이 있지? 샐러드는 양배추, 토마토, 오이, 소스 등등 다양한 재료로 이루어져 있잖니. 접시 위에 올려진 샐러드 재료들을 생각해보렴. 볶거나 끓여 재료의 맛을 섞지 않고, 재료 그대로의 싱싱한 맛을 살리는 게 샐러드지. 마치 그 샐러드 접시처럼 다양한 문화와 민족들이 고유의 특성을 동화시키지 않고 그대로 유지하면서 샐러드의 맛을 만들어 나가듯, 나라의 다문화 정책을 진행해 나가는 것이 바로 샐러드 접시 정책이란다."

"그렇다면 샐러드 접시 정책을 펴는 나라는 어떤 나라가 있나요?"

"대표적으로 미국을 들 수 있단다. 미국은 태생적으로 이민자들이 세운 나라이며, 지금도 수많은 다양한 민족들이 섞여 살고 있지. 각 민족의 특수성을 미국 내에 동화시키거나 어떤 민족을 중심으로 이끌지 않고, 그대로 유지하면서 각자의 빛깔을 내면서 미국을 발전시켜 나간다는 것이 그들의 정책이야."

승현이는 감탄을 내뱉었습니다.

"이야… 다문화 정책이라는 것에 대해 훨씬 잘 알 것 같아요. 감사합니다. 할아버지!"

"허허, 녀석. 그런데 내가 용광로와 샐러드 접시 정책 이야기를 왜 꺼냈을 것 같니?"

승현이는 골똘히 생각하더니 대답했습니다.

"음… 지금까지 이지란 장군에 대해 이야기하고 있었으니 그것과 관련이 있지 않을까요?"
"정답이란다. 그렇다면 이성계가 이지란의 이름을 투란에서 이두란으로, 이두란에서 이지란으로, 두 번이나 한국식으로 바꿔 준 것은 용광로 정책에 가까울까 아니면 샐러드 접시 정책에 가까울까?"
"정답! 용광로 정책이요."

할아버지는 기특하다는 듯 미소 지으며 말했습니다.

"왜 그럴까, 승현아?"
"이름을 한국식으로 바꿔서, 여진족인 이지란 장군이 우리 한민족과 융화되길 바라던 것이 이성계의 마음 아니었을까요? 방금 말씀하신 것처럼 마치 중국이 한족을 중심으로 다문화 정책을 펴듯이, 여진족들이 한민족에 섞여 새로운 문화를 만들어 나가기를 기대한 것이라고 생각해요."
"역시 내 손주구나. 정답이란다. 그렇다면 문제 하나 더 낼까? 이지란이 현대에 살고 있다면, 그가 원했던 다문화 정책은 무엇이었을까?"

"그야 당연히 샐러드 접시 정책이죠. 아까 이지란 장군의 유언에서 자신이 여진족임을 잊은 적이 없고, 죽고 나서도 고향 땅에 묻어주길 바랐다고 말씀하셨잖아요. 그러니 이지란 장군은 한민족에 동화되는 것이 아닌, 여진족의 정체성을 가지고 살아가길 바랐던 것이 아니었을까요?"

할아버지는 승현이의 머리를 따뜻하게 쓰다듬었습니다.

"허허허. 기특한 녀석. 이제 더 가르칠 게 없겠구나. 우리 손주가 자랑스럽다."
"헤헤."
"자, 이제 집으로 가자. 오늘은 정말 긴 하루였구나."
"맞아요, 할아버지. 정말 많이 배운 하루였어요!"
"이제 네 엄마에게 가서 오늘 배운 것을 자신 있게 말할 수 있겠지?"
"그럼요! 저는 다문화 가정에 살고 있고, 다문화 사회인 한국에 살고 있죠. 고려에 귀화해 당당하게 살아간 이지란 장군처럼 저도 멋진 사람이 될 거예요!"

할아버지와 승현이는 즐거운 걸음으로 박물관을 나섰습니다.

그들이 나서는 뒷모습 뒤편에는 이지란 장군의 초상화가 걸려 있습니다.

초상화 속의 이지란 장군은 어떤 표정을 짓고 있었을까요?

아마 흐뭇한 미소를 지으며 승현이의 뒷모습을 바라보고 있지 않았을까요?